大展好書　好書大展
品嘗好書　冠群可期

大展好書　好書大展
品嘗好書　冠群可期

老拳譜新編 13

張三丰內功煉丹秘訣

墨井書屋 藏版

大展出版社有限公司

策劃人語

本叢書重新編排的目的，旨在供各界武術愛好者鑑賞、研習和參考，以達弘揚國術，保存國粹，俾後學者不失眞傳而已。

原書大多為中華民國時期的刊本，作者皆為各武術學派的嫡系傳人。他們遵從前人苦心孤詣遺留之術，恐久而湮沒，故集數十年習武之心得，公之於世。叢書內容豐富，樹義精當，文字淺顯，解釋詳明，並且附有動作圖片，實乃學習者空前之佳本。

原書有一些塗抹之處，並不完全正確，恐為收藏者之筆墨。因為著墨甚深，不易恢復原狀，並且尚有部分參考價值，故暫存其舊。另有個別字，疑為錯誤，因存其眞，未敢遽改。我們只對有些顯著的錯誤之處，做

了一些修改的工作；對缺少目錄和編排不當的部分原版本，我們根據內容進行了加工、調整，使其更具合理性和可讀性。有個別原始版本，由於出版時間較早，保存時間長，存在殘頁和短頁的現象，雖經多方努力，仍沒有辦法補全，所幸者，就全書的整體而言，其收藏、參考、學習價值並沒有受到太大的影響。希望有收藏完整者鼎力補全，以裨益當世和後學，使我中華優秀傳統文化承傳不息。

為了更加方便廣大武術愛好者對古拳譜叢書的研究和閱讀，我們對叢書作了一些改進，並根據現代人的閱讀習慣，嘗試著做了斷句，以便於閱讀。

由於我們水平有限，失誤和疏漏之處在所難免，敬請讀者予以諒解。

前言

目前算在張三丰名下的著作，我們能夠看到且最出名的大概有三種：第一，清雍正元年汪錫齡編纂的《三丰祖師全集》；第二，清代劉元焯編纂的《張三丰太極煉丹秘訣》；第三，清道光年間李西月編纂的《三丰全書》。而在這三種書中，被今天太極拳史研究者所特別關注的，就是《張三丰太極煉丹秘訣》。此書之所以被關注，是因為其中卷二刊載了太極長生訣、重陽祖師十論、運用周身筋脈訣、打坐淺訓、打坐歌、積氣開關說、太極拳論、學太極須斂神聚氣論、太極行功說、太極行功歌、太極拳歌、太極拳十三勢行功心解、行功十要、行功十忌、行功十八傷、太極拳七十二圖勢等一系列內容，從而被當作了張三丰創太極拳的鐵證。

然而關於此書，其實還有若干未解之謎有待求證：

有研究者認為，此書成書大致是在西元一七二三年汪錫齡編纂《三丰祖師全集》之後，西元一八四四年李西月編纂《三丰全書》之前，編者是與清代李西月同時的劉元焯。而實際上，此書原未署編撰人，更無序跋題款，其成書年代及作者是誰，均屬推測，目前並無確切的依據佐證。

有研究者認為，此書是作者『得汪書而補紀之』，並被李西月後來將部分內容移入《三丰全書》之中。因此此書是對『汪書』原始內容的保存，並為後來李西月編纂《三丰全書》奠定了堅實的基礎。然而讓人難以理解的是，這一本承上啓下的著作，雖然在傳紀、修道篇、煉丹篇、煉丹歌詠、詩詞等方面與前後兩種書都有關係，但卷二除《打坐淺訓》與《打坐歌》收入李氏《全書》外，其餘內容皆未收錄，而恰恰是這些未被收入之內容，對證明張三丰與太極拳的關係極為重要。但無論是西元一七二三年汪錫齡編的《三丰全書》還是西元一八四四年李西月編的《三丰全書》，裡面都隻字未提張三丰與太極拳。這是為什麼呢？

此外，有研究者注意到，該書若干篇目，如卷三《安樂延年法》、《長生不死法》、《超凡入聖法》，其內容實為拼湊自《靈寶畢法》，而《靈寶畢法》，相傳為鍾離權輯、呂洞賓傳。類似情況在該書中還有不少，對照傳世張三丰的道論、內丹著述及張三丰派所著的道教經典的篇目，這些內容是否為張三丰所作，有待詳考。

有研究者注意到，《張三丰太極煉丹秘訣》一書在二十世紀初的清代末年，似乎尚不為人所知。光緒十八年（一八九二年）倡議重刊，至光緒三十二年（一九〇六年）問世的《重刊道藏輯要》，共輯錄道書二百八十七種，其中新增道書一百一十四種，《張三丰先生全集》即為新增道書，但卻沒有《張三丰太極煉丹秘訣》的位置，這又如何解釋呢？

以上種種疑問，都說明現在我們把此書作為張三丰創太極拳的『鐵證』，證據尚不充分，然而正因為現在有越來越多的人在研究中使用這個『鐵證』，所以對此書的眞偽和價值還需要做進一步深入的研究，這也是我們現在之所以要重印這本書的原因。

此書原本共六卷四十五目，二百六十八頁，計七萬七千字左右。裡面有些內容，未必適合現在時代的一般讀者閱讀，但為使研究者得窺全豹，我們注重了『標本』的完整性，保留了上述全部內容，這一點是需要特別說明的。

張三丰內功煉丹秘訣 目次

卷三　修道篇

卷四　煉丹篇

卷五　煉丹歌訣

卷六　水石閒談

卷一　傳記

列傳

明史

張三丰，遼東懿州人，名全一，一名君寶，三丰其號也。以其不飾邊幅，又號張邋遢。頎而偉，龜形鶴骨，大耳圓目，鬚髯如戟，寒暑唯一衲一蓑，所啖升斗輒盡，或數日一食，或數月不食。書過目不忘，遊處無恒，或云能一日千里，善嬉諧，旁若無人。嘗遊武當諸巖壑，語人曰：此山異日必大興。時五龍南巖紫霄，俱燬於兵。三丰與徒去荊榛，闢瓦礫，創草廬居之。已而舍去，太祖故聞其名。洪武二十四年，遣使覓之不得。後居寶雞之金台觀。一日自言當死，留頌而逝。縣人具棺殮

之，及葬聞棺內有聲，啟視則復活。乃遊四川，見蜀獻王，復入武當，歷襄漢，蹤跡益奇幻。永樂中，成祖遣給事中胡濙偕內侍朱祥賫璽書香幣往訪，遍歷荒徼，積數年不遇，乃命工部侍郎郭璡、隆平侯張信等，督丁夫三十餘萬人，大營武當宮觀，費以百萬計。既成，賜名太和太岳山，設官鑄印以守，竟符三丰言。或言三丰金時人，元初與劉秉忠同師，後學道於鹿邑之上清宮。然皆不可考。天順三年，英宗賜誥，贈為通微顯化真人，終莫測其存否也。

三丰先生本傳

汪錫齡敬述

三丰先生姓張名通，字君寶，先世為江西龍虎山人，故嘗自稱為天師後裔。祖父裕賢公，學精星算。南宋末，知天下王氣將從北起，遂攜本支眷屬，徙遼陽懿州。有子名居仁，亦名昌，字子安（一字仲安），號白山，即先生父也，壯負奇氣。元太宗收召人才，分三科取士，子安赴試，策論科入選，然性素恬淡，無仕宦情，終其身於林下。定宗丁未夏，先生母林太夫人，夢元鶴自海天飛來，而誕先生，時四月初九日子時也。手神奇異，龜形鶴骨，大耳圓睛。五歲目染異疾，積久漸昏，其時有張雲庵者，方外異人也，住持碧落宮，自號白雲禪老。見先生奇之曰：「此子仙風道骨，自非凡器，但目遭魔障，須拜貧道為弟子，了脫塵翳，慧珠再朗即送還。」太夫人許之，遂投雲庵為徒，靜居半載，而目漸明。教習道經，過目便曉。有暇兼讀儒釋兩家之書，隨手披覽，會通其大意即止。忽忽七載，太夫人念之，雲庵亦不留，遂拜辭歸家，專究儒業。中統元年舉茂才異等，二年稱文學才識，列名上聞以備擢用，然非先生素志也。因顯揚之故，欲效毛盧江捧檄意耳。至元甲子秋，遊燕京。時方定鼎於燕，詔令舊列文學才識者待用。棲遲燕市，聞望日

隆，始與平章政事廉公希憲識。公異其才，奏補中山博陵令，遂之官。政暇訪葛洪山，相傳為稚川修煉處，因念一官蕭散，頗同勾漏，子豈不能似稚川，越明年而丁艱矣。又數月而報憂矣。先生遂絕仕進意，奉諱歸遼陽，終日哀毀，覓山之高潔者營厝甫畢，制居數載，日誦洞經。倏有邱道人者，叩門相訪，劇談玄理，滿座風清，灑然有方外之想。道人既去因束裝出遊，田產悉付族人，囑代掃墓。挈二行童相隨，北燕趙，東齊魯，南韓魏，往來名山古剎，吟詠閑觀，且行且住，如是者幾三十年，均無所遇。乃西之秦隴，挹太華之氣，納太白之奇，走褒斜，度陳倉，見寶雞山澤，幽邃而清，乃就居焉。中有三尖山，三峰挺秀，蒼潤可喜，因自號為三丰居士。延佑元年，年六十七，殆入終南，得遇火龍真人，傳以大道，更名玄素，一名玄化，合號玄玄子，別號昆陽。山居四載，功效寂然。聞近斯道者，必須法財兩用，平生遊訪，兼頗好善，

囊篋殆空，不覺淚下。火龍怪之，進告以故，乃傳丹砂點化之訣，命出山修煉。立辭恩師，和光混俗者數年。泰定甲子春，南至武當，調神九載，而道始成。於是湘雲巴雨之間，隱顯遨遊。又十餘歲，乃於至正初，由楚還遼陽，省墓訖，復之燕市，公卿故交死亡已盡矣。遂之西山，遇前邱道人談心話道，促膝參同，方知為長老先生符陽子也。別後復至秦蜀，由荊楚之吳越，僑寓金陵，遇沈萬三，傳以丹道，事在至正十九年。臨別，先生預知萬三有徙邊之禍，囑曰：「東南王氣正盛，當晤子於西南也。」仍還秦，居寶雞金台觀。九月二十日，陽神出遊，土人楊軌山以先生辭世，買棺收殮。臨窆之際，柩有聲如雷，啟視復生。蓋其陽神出遊，樸厚者見之，以為宛其死矣。後乃攜軌山遯去。又二年，滄桑頓改，海水重清，元紀忽終，明運又啟，先生乃結庵於太和，故為瘋漢，人目為邋遢道人。道士邱元靖，安靜可喜，秘收為徒。他日

入城都，說蜀王椿入道不聽，退還襄鄧間，更莫測其蹤跡矣。洪武十七年甲子，太祖以華夷賓服，詔求先生不赴。十八年又強沈萬三敦請，亦不赴。蓋帝王自有道，不可以金丹金液，分人主勵精圖治之思。古來方士釀禍，皆因遊仙入朝，為厲之階登聖真者，決不為唐之葉法善、宋之林靈素也，前車可鑒矣。二十五年，乃遯入雲南。適太祖徙萬三於海上緣此踐約來會，同煉天元服食大藥，明年成。始之貴州平越福泉山，朝真禮斗，候詔飛升。建文元年，完璞子訪先生於武當，適從平越歸來，相得甚歡。永樂四年，侍讀學士胡廣奏言，先生深有道法，廣具神通。五年丁亥，即命胡濙等遍遊天下，訪之十年。壬辰又命孫碧雲於武當，建宮拜候，並致書相請。直逮十四年，並不聞有蹤跡，帝乃怒，謂胡廣曰：「卿言張三丰蘊抱玄機，胡弗敢來見朕也？」斥廣尋覓之。廣大懼，星夜抵武當，焚香泣禱。是年五月朔，為南極萬壽，老君命諸仙及朝大會，時先生亦在詔中，遂與玄天官屬御氣同行。適見胡廣情切，乃按雲車，許以陛見入朝，後即赴上清之命，飄然而去。明年胡濙等還朝，終未得見先生也。吾師乎，吾師乎，其隱中之仙乎？其仙中之神乎？其神仙而天仙者乎？繼荷玉詔，高會群真，位列兌宮，身成乾體，故能神通變化，濟世度人，四圍上下虛空，處處皆鸞驂所至，將所謂深藏宏願，廣大法門者，呂祖之後，惟先生一身而已。錫齡風塵俗吏，幾忘本原，觀察劍南，又鮮仁政，濫叨厚祿，辜負皇恩，兩年來曦天少見，水潦頻增，齡乃跣足剪甲，恭禱眉山之靈。拈香七日，晴光普照，畫景遙開，奇峰異水間，幸遇先生鑒齡微忱，招齡入道，並示丹經秘訣一章及捷要篇二卷，照法修煉，始識玄功，因此悔入宦途，遊情山水，邇乃自出清俸，結廬凌雲，未知何年何日，蟬脫塵網，採瑤花，奉桃實，敬獻先生也。齡侍先生甚久，得悉先生原本又甚詳，爰洗濁懷，恭

為紀傳，以付吾門嗣起者。

張三丰外傳

神仙張三丰，一名君寶，一名伸猷，字玄玄，道號昆陽，又稱斗篷，又呼張邋遢。遼東懿州人。甫七歲能棋，隨手應局，人莫能敵。十歲習儒業，早失怙恃。後學道，遇鄭思遠祖師，授以至道。生於紹興辛卯八月十五日。風姿魁偉，龜形鶴骨，大耳圓眼，鬚如戟，頂中作一髻。身被一衲，負巨蓬，手中常持方尺，在武當山結庵展旗峰下。先入華山洞，棲真數十年，後鄭思遠祖師，命了俗緣，乃混俗歸閩，補刑曹吏。因群囚劫獄，連坐戍邊，夜郎之平越，遂住高貞觀。今有禮斗亭、浴仙池、長生桂，皆其仙跡也。丹成後時元年丙申，太上詔曰「王方平五十三仙，掌華林洞」，於三月十五日冊封為「華林洞妙應真人」，賜以玄冠雙旒、霓羽碧履，時年六十六歲。因崙谷萬尊師，亦在受詔五十三仙之列，曾著方壺勝會圖，然後知三丰真人之始末也。大明天順年，敕封通微顯化真人。於元末，居寶雞縣金堂觀，至正丙午九月二十日，自言辭世留頌而逝。土民楊軌山置棺殮訖，臨窆發之復生，乃入蜀。洪武初，至太和山，冷坐結庵玉虛宮，庵前古木五株，常棲其下，猛獸不噬，鷙鳥不搏，人益異之。衲不垢弊，皆號為邋遢張。有問其仙術，竟不一答。問經書則涎津不絕口。登山輕捷如飛。隆冬臥雪中，鼾齁如雷。常語武當鄉人曰：「茲山異日當大顯。」道士邱玄靖請為弟子，遂教以道妙。帝於乙丑遣沈萬三敦請，了不可得，乃召玄靖至，與語悅之，拜監察御史，賜之室不受，超擢太常鄉。金陵沈萬三，又名萬山，秦淮大魚戶，心慈好施。其初僅飽煖，遇三丰真人，見其生有異質，龜形鶴骨，大耳圓目，身長七尺餘，修髯如戟，頂作一髻，或戴偃月冠，手持方尺，一笠一衲，寒暑御之，不飾邊幅，日行千里，所啖升斗輒盡，或辟穀數月自若。萬三心知其異，常烹鮮魚暖酒，邀飲於蘆洲，苟有所需，即極力供奉。偶於月下對酌，三丰謂曰：「子欲聞余之出處乎？」萬三啟請，三丰曰：「予當生時，一鶴自海天飛來，咸謂令威降世。後知丁公仍在靈墟，予思舜亦人也，予豈不得似丁公。每嗟光陰倏忽，富貴如風燈草塵，是以日夕希慕大道，棄功名，薄勢利，雲遊湖海，拜訪明師。所授雖多，皆旁門小法，與真道乖違，徒勞勤苦。延祐年間，已六十七歲，此心惶惶。幸天憐憫，初入終南，即遇火龍先生，乃圖南老祖高弟，物外風儀。予跪而問道，蒙師鑒我精誠，初指煉己工夫，次言得藥口訣，再示火候細微、溫養脫胎了當虛空之旨，一一備悉，於是知進斯道，必須法財兩用。予素遊訪，兼頗好善，傾囊倒篋殆盡，安能以償夙願？不覺憂形於色。師怪而問之，予揮淚促膝以告，重蒙授以丹砂點化之藥，命出山脩之。立辭恩師，和光混俗，將覓真鉛八兩，真汞半斤，同入造化爐中，鍛鍊轉制分接，九還已畢，借此貲財以了大事。由是起造丹房端坐，虛心養氣，虛氣養神，氣慧神清。廣覓藥材，時飲蟠桃酒，朝湌玉池液，如醉如癡補氣養血。但得汞有半斤，可待他鉛八兩，月數將圓金花自顯，一手捉虎擒龍，採得先天一氣，徐行火候烹煎，自合周天度數。明復垢進火退符，識卯酉防危慮險。十月功完，聖胎顯像，九年面壁，與道合真，所謂跨鶴青霄如大路，任教滄海變桑田也。」言訖呵呵大笑。萬三聞言，五體投地曰：「塵愚願以救濟，非有望於富壽也。」三丰曰：「雖不敢妄泄輕傳，亦不敢緘默閉道。予已審知子之肺腑，當為作之。」於是置辦藥材，擇日起煉，七七啟視，鉛汞各遯，三丰嗟咄不已。萬三自謂機緣未至，復盡所蓄，並賣船網以補數。下功及半，忽汞走焚，茅蓋皆煨，萬三深歎福薄。三丰勸其勿為，夫歸毫無怨意，苦留再煉，奈乏貲財，議鬻幼女。三丰若為不知，竊喜志堅，一任所為。令備朱裏之汞，招其夫至前，出少許藥，指甲挑微芒，乘汞熱投下，立凝如土，複以死汞點銅鐵悉成黃白，相接長生。三丰略收丹頭，臨行謂曰：「東南王氣大盛，他日將晤子於西南也。」遂入巴中。萬三以之起立家業，安爐大煉，不一載，富甲天下。凡遇貧乏患難，廣為周給，商賈貸其資以貿易者遍海內。其丹室有一聯云：「八百火牛耕夜月，三千美女笑春風。」世謂其得聚寶盆，故財源特沛。斯時世亂兵荒，萬三懼有禍患，乃毀棄丹爐器皿，斂跡欲隱。京城自洪武門至水西門坍壞，下有水怪潛窟，築之復崩。帝素忌沈萬三年命相同而大富，召謂曰：「汝家有盆能聚寶，亦能聚土築門乎？」萬三不敢辯，承命築，立基即傾者再三，無奈以丹金數斤，暗投築之始成，費盡巨萬，因名曰「聚寶門」。帝嘗犒軍，召萬三貸之，曰：「吾軍百萬，得一軍一兩足矣。」萬三如數輸之，帝瞷瞷其無困苦狀，由是急欲除之，馬后苦諫，乃議流南嶺，株連其婿余十舍，亦流潮州。萬三遂輕身挈妻奴而去，委其家資。未幾命再徙十舍於雲南。既至滇，沐春撫慰之，欲妻余氏女，十舍允之。乃過府，沐侯見薄其嫁資，曰：「不豈不為禮。」女曰：「公所利者財耳，措之亦易。」教備汞鉛，脫耳環投之，聲如蟬鳴，其汞已乾，環仍如故。以汞開銅鐵，成寶無算，沐侯大喜。是秋三丰踐約來會，同萬三煉人元服食大藥，明年始成。初萬三有長女，三歲忽失去，迄今三十餘年。一旦歸家，曰兒少遇祖薛真陽，即中條玄母改名化度，呼女為玉霞，號線陽，掌玉匣諸秘法，為師擎神劍，得授靈通大道。命回就服成藥，當以極濟立功。萬三即出藥，全家共服，皆能沖舉。玉霞聲洪體碩，無女子相，慨然普救生靈之志，遂與父散遊於世，隨時救度。永樂時尚書胡廣言張三丰實有道法，廣具神通，錄其《節要篇》並《無根樹二十四首金液還丹歌》、《大道歌》、《煉鉛歌》、《地元真仙了道歌》、《題麗春院二闋瓊花詩》、《青羊宮留題》諸作上呈。帝覽之，雖不測其涯底，知其有合大道，遣使訪之有功。言初入成都，見蜀王操（太祖第十一子），王不喜道，退遊襄鄧間，居武當二十三年，一旦拂袖遊方而去。帝於壬辰春，敕正一孫碧雲，於武當建宮拜候。三月初六日，帝賜手書曰：「皇帝敬奉書真仙張三丰先生足下，朕久仰真仙，渴思親承儀範，嘗遣使奉香致書，遍詣名山，虔請真仙。伏惟道德崇高，超乎萬有，體合自然，神妙莫測。朕才質疏庸，德行菲薄，而至誠願見之心，夙夜不忘。敬再遣使，謹致香奉書虔請，恭候雷車鳳駕，惠然而來，以副朕拳拳仰慕之懷。敬奉書。」越三載飄然而至。碧雲呈御書，三丰覽而笑答書曰：「聖師真口訣，明言萬古遺傳，與世間人，能有幾人知。衣破用布補，樹衰以土培，人損將何補？陰陽造化機。取將坎中丹，金花露一枝，慶雲開天際，祥光塞死基。歸己昏昏默，如醉亦如癡，大丹如黍米，脫殼真無為。優游天地廓，萬象掌中珠，人能服此藥，壽與天地齊。如若不延壽，吾言都是非。天機未可輕輕洩，猶恐當今欠猛烈。千磨萬難費辛勤，吾今傳與天地脈。皇帝尋我問金丹，祖師留下神仙訣。金丹重一斤，閉目靜存神，只在家中取，何勞向外尋？煉成離女汞，吞盡坎男精。金丹並火候，口口是玄音。」碧雲勸駕不聽，留居一室，出則伴遊，令人馳報於帝。丙申春正，帝又命安車迎接，復又他適。帝怒謂胡廣曰：「斯人徒負虛名，能說不能行，故不敢來見耳！卿往招致，不得亦難見朕也！」廣懼，星夜奔至武當，立宮廷哀泣。佑聖帝君嘗奏三丰道行於崇玉帝，是夏五月，駕臨南極，宣召至會所，三丰將隨玄天官屬同行。適見胡廣情切，乃出，許其詣闕，先自飛身而去。帝正在朝，見一襤褸道士，肩披鹿裘，立於階前稽首，帝問知是三丰，笑而命坐問道。三丰曰：「聞遷北平時，金水河冰凝龍鳳之狀，即此是道。」於是從容步下階陛，一時卿雲瑞彩，彌漫殿廷，良久始散。三丰去矣，君臣歎異，始信真仙。及胡廣還，帝賜勞之，尋拜為相。

歷代顯蹟紀

渡沈萬三

沈萬三者，秦淮大漁戶也，心慈好施，其初僅溫飽。至正十九年，忽遇一羽士，神采清高，龜形鶴骨，大耳圓目，身長七尺餘，修髯如戟。時戴偃月冠，手持刀尺，一笠一衲，寒暑皆然，不飾邊幅。日行千餘里，所啖升斗輒盡，或辟穀數月，而貌轉豐。萬三心異之，常烹鮮魚煖酒，邀飲蘆洲，苟有所需，極力供俸。偶於月下對酌，羽士謂曰：

「子欲聞吾出處乎？」萬三啟請，乃掀髯笑曰：「吾張三丰也。」遂將生世出世、修真成真之由，敘述一篇，言訖呵呵大笑。萬三聞言，五體投地，稱祖師者，再並乞指教，曰：「塵愚願以救濟，富壽非敢望也。」祖師曰：「雖不敢妄洩真傳，亦不欲緘默閉道，予已深知子之肺腸，當為作之。」於是置辦藥材，擇日啟煉。七七啟視，鉛汞各遯，祖師嗟咄不已。萬三自謂機緣未至，復盡所蓄，並售船網以補數。下工及半，忽汞走如焚，茅蓋皆毀，萬三深歎福薄，祖師亦勸其勿為。夫婦毫無怨意，苦留再煉，貲財已匱，議鬻幼女。祖師若為不知，竊喜其志堅，一任所為。令備朱裏之汞，招其夫婦至前，出藥少許，指甲挑微芒，乘汞熱投下，立凝如土。復以死汞點銅鐵，悉成黃白，相接長生。祖師遂略收丹頭，臨行囑曰：「東南王氣大盛，當晤子於西南也。」遂入巴中。萬三以之起立家業，安爐大煉，不一載富甲天下。凡遇貧乏患難，廣為周給，商賈貸其貲以貿易者，直遍海內。世謂其得聚寶盆，故財源特沛。斯時世亂兵荒，萬三懼有禍，乃毀丹爐器皿，自號三山道士。至今南京城西南街，即其遷處。會同館即其故居，後湖中地，即其花園舊址也。

《仙鑑》評：外丹成為內丹之助，然眞道難聞，千舉萬敗，人每以三丰為口實，至受誑不悟，當思己有萬山福量，乃可遇之。苟或不然，願且置是。

寓金臺觀

元至正丙午年，寶雞金臺觀，有道翁者，貌若百餘歲，忽於九月二十七日，自言辭世，留頌而逝。土民楊軌山，置棺殮訖，臨窆柩有聲如雷，發之復生躍起，謂軌山曰：「吾張三丰也，天師後裔，幼好學道，今吾大丹已成，神遊天海，吾子善人也，難得難得。」遂教以避世延年之術，尋攜軌山同去。

圓通子曰：「世人盡如軌山，則路無暴骨矣。如此方便人，仙眞安得不度！」

隱太和山

洪武初，祖師入太和山，於玉虛宮畔結庵冷坐。庵前古木五株，陰連數畝，雲氣滃然，故嘗棲其下，猛獸不噬，鷙鳥不搏，人咸異之。衲衣垢弊，皆號為邋遢張。有問其仙術，竟不一答；問經書則津涎不絕口。登山輕捷如飛，隆冬臥雪中，鼾齁如雷。常語太和鄉人曰：「茲山異日當大顯。」道士邱元靖叩其出處，始識為三丰祖師，請為弟子，遂傳以道妙。

《神仙鑑》評：左道旁門，最能惑人，如箭射虛空，還復墜地。惟見得眞種子，潛修密煉，至丹成果熟，寒暑不能侵，陰陽不能賊，縱橫

自在，來去隨心，方為實際。如三丰者，所當景仰。

寄常遇春

洪武二年己酉六月，常遇春進攻大興州，直拔開平，追奔數百里，大獲全勝，遂清薊北。秋七月，師次柳河州，遇春得疾，謂眾將曰：「予生時有老翁至門，付一函云：『煌煌尾宿，矯矯虎臣，和中遇主，柳下歸神』。前日張真人三丰，自五臺寄書，又是此數字，今至柳河州而病，吾其逝矣。」尋卒於軍（年三十四）。去年戊申，帝初即位，亦嘗欽問四十二代天師張沖虛曰：「北征如何？」天師曰：「朝廷有福，大將歸真。」

見蜀王椿（太祖第十一子，封蜀王，名椿，或作操似誤）

洪武中，太祖封子椿為蜀王。是時兩川久定，人物恬熙，倏有老翁者，神完貌古，行動如飛。一日方冠傅帶，翩然見王，說以入道。王不聽，然心異其老健，欲慕棲之。老翁笑吟曰：「何必終南論捷徑，宦情於我似鴻毛。」王高其節。一日謂王曰：「藩封雖好，然須志退心虛，乃保無禍。吾張三丰也，將與海島諸仙遊於寥廓矣。」王作詩以送之，有「吾師深得留侯術，靜養丹田保谷神」之句，亦不相留，祖師遂去。或曰其後諸王如谷王穗、遼王植，多有不保其封，而蜀王得以居安樂土者，皆祖師教之云。

按，祖師見蜀王椿之後，遨遊川貴雲廣，雲車無定，顯蹟最多，未嘗枯坐一山。或言初入成都見蜀王椿，王不喜道，退還襄鄧間，居武當二十三年。一日遊方，拂袖而去。

圓通子讀此一則，題一絕云：「入幕仙翁一老皤，相逢不識奈何如。名言幾字將王報，保得藩封受用多。」

寓指揮家

洪武中，祖師遊蜀，僑寓環衛姜指揮家。行蹤詭異，而人不識。常戴一笠，笠甚大，雖小戶出入不礙。繫鐵絲縧，備極工緻。朝夕居一磐石上。嘗折枯梅枝插土即生，花皆下垂，故成都昔年猶遺「照水梅」云。

寓開元寺

夔府城西開元寺，唐了休禪師道場也。明初祖師來遊，與僧廣海善，寓居於寺者七日。臨別贈以詩，並留草履一雙、沉香三片而去。後海以詩及二物獻文帝，答賜玉環一枚、千佛袈裟一領，今猶置寺中，稱世寶云（見《成都府志》、並見《夔州府志》）。

三卻廷詔

洪武十七年甲子，帝以華夷賓服，詔求真人張三丰，莫知所往。明

年春，復強其弟子沈萬三敦請，了不可得。又召邱元靖入朝，祖師因呈一詩，並囑邱曰：「奏語明天子，謂吾將遨遊海外矣。」其詩云：「流水行雲不自收，朝廷何必苦徵求。從今更要藏名姓，山北山南任我遊。」帝覽而縱之，尋拜邱為監察御史，賜美室，均不受。邱可謂不忘師教也（《神仙鑒》有三詔之事，而無寄詩一段）。

圓通子曰：「嚴子陵其吾師之前身耶。」

滇南踐約

洪武中，京城自洪武門至水西門坍壞，下有水怪潛窟，築之復頹。帝向忌沈萬三年命相同而大富，召謂曰：「爾家有盆能聚寶，亦能聚土築門乎？」萬三不敢辯，承命起築，立基即傾者三。乃以丹金數片暗投其內，築之始成，費盡巨萬。帝嘗欲犒軍，召萬三貸之曰：「吾軍百萬，但得一軍一兩足矣。」萬三如數輸之。帝瞰其無困苦狀，由是欲除之。罪以他事，議流嶺南，萬三遂輕身攜妻奴去，而委其家貲。未幾命再徙於雲南。既至滇，萬三無聊，忽有弓長翁者，傳云「踐約來會」，萬三請見，則三丰祖師也。祖師笑曰：「猶記東南氣盛西南相見之語乎？」萬三爽然，因與煉天元服食大藥，明年始成，萬三與全家餌之，皆能沖舉。

圓通子曰：「撒手貲財，即成上仙，其施濟已多矣。」

遊鶴鳴山

洪武末有道人遊邛之鶴鳴山，山有二十四洞以應二十四氣。道人入山時，石鶴復鳴，人咸驚異。居半載，入天谷洞不出，洞門書「三丰遊此」四字。時已一百餘歲矣（《蜀通志》作三百餘歲似誤）

圓通子曰：「奇。」

題詩警禍

建文嗣位初，戶部門前，薄暝有老翁閒步，如土地形狀者，風過處忽不見。明晨覘雙扉上，於右扉題一詩云：「燕子將營壘（一作巢閣），龍孫不在潭。波平風又起，海上問三三。」末三字寫於雙扉交關處，人多不解。戶部侍郎卓敬見之，以為三字寫門中，蓋借門縫作半字中畫也，心知為三丰仙翁。並念燕子者，是指燕王，龍孫者是指建文。其語殊凶，其字旋落，卓乃密疏請徙封燕王，隸於南昌，萬一有變，尚可控制。疏入竟不聽。

圓通子曰：卓侍郎聰明可愛，惜忠言逆耳，致使燕封篡位。吾師其亦不得已而題詩歟，不然，豈不知建文之不聽哉！

混跡京師

永樂初，有宦客遊京師，風姿清矯，拂拂修髯，而衣服禮容，似公

車客狀。居京頗久，與戶科給事中胡濙相契，常作詩酒之會，喜擬文選體，多不存稿。客聞朝中僚屬事畢，閒談多言神仙事。又聞侍讀胡廣，欲舉張三丰仙術上聞，客心厭之。一日飲於客齋，忽謂胡濙曰：「吾友善事明君，我將遠引深山也。」濙驚叩，其故不答；數叩之，乃掀髯笑曰：「吾即三丰子也。」言畢逕去，不知所往。其後胡濙訪三丰祖師，因有「卻憶故人從此隱，題詩誰似鮑參軍」之句云。

一晤因緣

永樂四年冬，詹事府主簿南陽張朝用，常見一道人，行止異奇，足不履地，手撚梅花，口吟《秋水》。趨前詢之，乃三丰仙翁也。明年帝命胡濙遊訪，因薦朝用同行，已不知其去向矣。

道示明玉

永樂中，有羽客遊內江，寓明玉道人家，詭云龐姓。微示以異，常

履極險不墜，涉水無少濡。明玉善符咒，多奇驗，欲傳授羽客。羽客笑曰：「我以道俸君，君乃以法授我耶？」乃作《道法會同疏》一通與之。明玉大驚，跪請其名號，乃知為三丰祖師也。居歲餘，胡濙物色之，遂不留（《四川通志》作「遂同玉見胡」，與《明紀》不合，茲特正之），尋又往峨眉山中。

明殿飛升

明成祖自遇西僧哈立麻之後，頗萌道心，尚書胡廣因言張三丰實有道法，錄其《捷要篇》上呈。帝覽之，雖不測其涯涘，知其有合玄機，遣使訪之。壬辰春，又敕孫碧雲至武當拜候，三月初六日，並賜書。越三載始至武當，碧雲呈現御書，祖師覽訖，笑答一函。碧雲勸入朝，不可，留居室內，出則同遊。令人馳報於帝，丙午春正，帝命安車迎請，忽又他適，帝乃斥胡廣求之。廣大懼，即至武當懇禱，祖師見其情切，乃出，許其詣闕，先自飛身而去。帝正在朝，忽見一襤褸道人，肩披鹿裘立於階前，稽首冷笑。帝問是三丰，殷勤命坐，即求談道。祖師遂唱「訪道求玄走盡天涯」之曲。曲終從容下階，一時卿雲瑞靄，彌漫殿廷，良久始散，祖師去矣。君臣歎異，始信真仙。乃胡廣還朝，上頗賜勞之（按，《明紀》永樂丁亥，帝命胡濙等遍訪三丰，去十載始還，茲連丁亥順數至丙申正是十年，乃於五月初先有陛見之事，不知濙等還朝在五月前否？若在五月後，便往來相左矣）。

《神仙鑒》評：仙道有易髓換骨不必蛻化者；有育就嬰孩，引神出見者；有太陰煉形，屍解成眞者，皆足以證道。而完璞之育就胎孫、三丰之飛升金殿，非重安九鼎，再立乾坤，何能至此？由是而觀，丹道豈易言哉！

玄光表異

永樂丙申歲五月朔，為南極老人萬壽之會，老君命太微尹真人，傳示群真。尹向西北行，舉頭見一簇玄光，從空飛至，迎視乃三丰先生，尹告以老君之旨，三丰曰：「吾已荷玉帝宣命矣。」遂別去。

七針先生

天順中，有七針先生者，嘗持七藥針，治人瘡疾，多奇效，人遂以「七針」曰之，先生亦以此自名。又能圖寫山水，自比輞川，公卿多重之。先是張三丰以仙畫稱奇，朝廷屢求不得，近臣因以七針上聞，詔進寫山水一幅，最為稱旨。但性嗜酒，且好漫罵權倖。濁吏某，利其技精，聘至家，厚待之，倩其作畫，以圖干謁。一日，帝又以美絹賜寫，時七針醉矣，居小樓上。濁吏以絹付七針，七針置之床頭。夜聞嘔穢聲甚劇，濁吏心急燭之，七針躍起曰：「快甚！快甚！」舉視皆痲雀，躍躍欲飛，尚未點睛。濁吏不得已，進呈帝覽。帝稱異，即命點睛。對曰：「臣所寫不可點睛，點則飛去。」帝弗信，促之，七針乃舉筆亂竄訖，帝玩而笑曰：「此物真欲飛也？」語終即有無數小雀，沖雲而去，至濁吏之鄉，盡彈其田穀，殆無遺粟，連疆者固無恙也。七針亦遯去。事聞上，再詔見不可得。帝以問禮部尚書胡濙，濙對曰：「七針殆三丰耶？以『三丰』二字，橫順分觀，蓋如針之有七也。」帝驚異。

贈角黍翁

又天順中，劍州有老翁者，忘其姓氏，日市角黍為生，覘有貧者過，輒與一包，不取貲。或叩其故，老翁曰：「是皆走乏人也，腹且饑，吾日售角黍，只求固吾本，而少有利焉足矣。以餘給人，特小惠耳，何足齒。」一日日將晡，角黍不能售，倏有道人前過，乞賜一包，翁與之，食畢又乞，翁又與之，如是者幾數十次，翁皆與之。道人大笑曰：「翁真慷慨者，吾無他術，囊有紫珠一枚，可攜回置甕內，隔夕啟視，中有奇妙焉。」語罷，道人飄然而去。翁帶至家，竟如其教。時米甕匱矣，明晨開之，甕米已滿。翁笑曰：「道人所謂奇妙者，固如是耶！」遂取作角黍賣三施七，來日啟視，米又滿，作業如常，人沾其惠者，咸嘖嘖稱善。久之翁殆異焉，因倒甕覘之，紫珠不見。嗣後甕亦不復生米矣。他日道人又來，語翁曰：「吾某某也，翁惠已多，願出世否？」翁不許，祖師乃出一粒囑曰：「且食此，當更綿壽。」翁啖下，覺肺腑皆清。祖師出後，老翁年百餘，端坐而逝。

圓通子曰：惜此翁不求仙道，然其滿腔慈念，亦應長享遐齡矣。

詩挫番僧

成化中，方士流行，一時賜以誥敕、號為真人者，幾盈都下，而西番僧劄巴堅參以秘密教獲寵，賜號「大智慧佛」，出入乘高輿，雖顯貴

過街，皆避其前導。一日劄巴歸賜院，突見襤褸道人，於照壁上題詩云：「紛紛方士滿朝端，又見番僧壓顯官。這等奴才稱釋道，老君含笑世尊歎。」款落「坤斷補題」。劄巴見之大怒，命士卒擒之，風沙起處，道人不見。或曰「坤卦斷而言補」者，此「丰」字也，於是共知為真仙三丰焉。厥後劄巴之勢稍挫。

圓通子曰：劄巴沒臉。

一戲方士

成化中，羽流擾擾，出入禁廷，祖師甚惡之。一日，遇方士趙王二姓者，知其存心鬼蜮，將挾異術北行，因化為教主形狀以詭之曰：「吾張天師也，飛符召神，我法甚效，君等願學否？」趙王不信，祖師乃向空指畫，倏有天兵天將，往來雲氣中。二人始異之，跪求符籙，祖師偽為密囑狀，賜之數符，二人大笑而去。其時李孜省以五雷法得倖，二人

投之，因此進身。帝詢其能，二人以天師傳符對，並請帝致齋三日，演法一觀。帝如其教，臨期大設法壇。支吾終日不驗，帝怒其奸詐，立命侍衛斃之。

圓通子曰：眞仙之惡方士，猶君子之惡小人乎？吾師七戲方士，以正法簸弄邪法，務使群邪術敗，寵倖日衰而後已。如吾師者，應封為「蕩邪衛正護國天師」也。厥後成化末，罷奪僧道封號，雖係用科道言，安知不因吾師之默破其術，而乃疏之歟（以下六賊俱作如是觀）。

二戲方士

祖師又嘗與方士劉某者，睹役鬼神。方士符初燒，祖師暗以法力掩之。輪及師符，即有鬼神無數，甲馬猙獰，往來空際。方士驚奇，跪求指教，師慨然與之，並教以斬鬼妙法。方士大喜，挾技遊京，頗稱靈效，特未用斬鬼法耳。繼援梁芳等得入內廷，一夕有宮監與宮婢相狎，

適帝命劉召鬼符使燒，而二鬼至，一男一女，調笑於宮樓之下，漸逼帝前，不知敬避。帝懼，速命劉拔劍擊之，則是宮婢雲娥與宮監某某也。帝大怒，以劉侮己，即刻斃於壇內。

圓通子曰：一符殺三邪，非吾師逞毒手也。以正衛國，眞是慈悲耳。

三戲方士

方士郭成顯，無賴徒也。初學五雷法頗效，行將入京，三丰祖師因於途中截之，相逢道左，詭名「賽天師」，先語郭曰：「子身藏五雷訣耶？」郭驚其先知，料是神人，不敢隱匿，連聲唯唯。賽天師曰：「吾尚有六雷法賜汝，依法行持，能召天仙化女，御鳳遊凡。近日李孜省權傾中外，爾以此法投之，則顯要可立致也。」郭大喜，請受其傳，叩頭辭去。進干孜省，先用五雷，孜省以為同遊，深信納之。郭笑曰：「豈惟是哉，吾更有六雷在也。傳吾者云，此法能召天姝。」孜省雀躍，促郭演之。郭乃故持身分，命廣法壇，務窮精緻，紅燈翠幃，境界一新。孜省之姬妾倚閣明妝，皆觀郭術何如。郭乃接法行符，繞壇咒喝，果有仙姝四五，冉冉而來，各跨赤虬，止於壇上。其中有二女尤為妖麗，雙喉度曲，宛轉鶯聲，歌曰：「儂與兒夫據要津，法衣解卻　紅裙。此威此福難長久，朝倚欄杆淚濕雲。」音節清脆，似嘲似諷，如懼如哀。孜省之黨，初睹美人則生憐，繼聞歌詞則大惑，細思其意彌震恐。忽然雷雨當空，風沙競作，滿壇燈火皆滅，狐城鼠社，水撲煙昏。霎時雲斂，纖月掛簷，覺有呻吟聲在壇深黑處，復然明燭照之，只見姬妾數人，各跨一呆漢，赤體彎腰，若僵迷狀。睇視之，則皆孜省門下所養術士法徒也。強命家奴各扶過去，再覓郭成顯，尚立法壇，滿口糊詞，搖頭掐指，若得意然。孜省羞怒交作，拔佩劍砍之，拋其屍於後園池內，禁家

人勿言。誰知此夕醜聲早流於外矣。孜省益危悚不安。

圓通子曰：六雷法竟有如許妙用，不知吾師從何處得來，漢唐方士流行之際，惜無此書。

四戲方士

彭華為吏部左侍郎，繼結萬安孜省，遂得入內閣，預機務事，勢焰日彰，威福自擅，屏逐忠良，其門下亦多方士。一日病熱，涼藥鮮效，乃命方士熊鍾，代求名醫。熊聞都門外有某某者，頗精岐黃，遂往延之。路遇一道人，背負藥囊，手執畫板，上書四句云：「一張膏藥，貼好瘡痍，三封大丹，牢籠方術。」夫所謂一張三封者，是隱著其姓字也。猝然相遇，以為表其醫道，故熊弗察耳。外售解熱丸，熊欲購之，道人故昂身價，謂吾丸匪特愈（癒）病，並可輕身。熊弗信，道人以一丸自啖，兩足憑空，離地數尺許，熊即倒拜，乞賣一丸。道人故囑曰：

「此丸與大貴人食之，必能白日飛升，其去世後，則襲顯位易易也。」熊本無仙意，但欲如彭華輩，身列要津足矣。因將丸回，述其靈異。彭華於昏瞶中吞之，頭腦涔涔，如中鴆毒狀，尋復大吐，吐後遂得風疾。熊知其誤，遂遁。彭華亦以病罷黜。

圓通子曰：熱中之病，涼劑難療。夫惟吐其火而賜以風，則心熱退矣。若方士者，熱中更甚於彭華，不愛神仙，只貪富貴，何不待他飛升，便自逃走。

五戲方士

太行西山馬仙翁，能以神箭射鬼，人多求之，無弗效者。道士鄧常恩，素聞其能，及為太常卿，陰賊險狠，暗害一人，每入府中為厲。乃命其徒陳歪兒，往求馬術。陳即往，途遇一道人，風骨昂昂，手執長弓（張也），腰插七箭（三丰也），自云射鬼百發百中，而不言其姓字。

陳疑焉。同行至晚，於破廟中棲宿，林昏月黑，叢篁古木中，鬼聲啾啾然。陳大懼，道人曰：「爾可以觀吾射也。」即於窗隙內張弓射之，其鬼哀號而去，陳乃折服。明晨乞其藝，道人慨然與之。遂回京師，述其情事，詭云馬仙已往，今幸得此神箭，皆大人之福也。常恩喜甚，夜來昏月濛濛，府園中鬼聲又起，即命陳一奏其技，常恩轉過迴廊，於對面樓窗上覘之。忽見鬼飛入樓，陳遂挽強弓，決妙矢，羽聲響處，大叫一聲，應弦而倒，燭之則常恩也。幸中左臂，不致殞命，陳即逃。

圓通子曰；殺人之罪已甚矣，乃至欲誅其魄，殘忍孰甚！西山之行，即得馬仙神箭，安知不轉射常恩。

六戲方士

閹臣萬安，深中寬外，其時萬貴妃寵冠後宮，安稱子侄行，內外聲援益固。並求方士房中術進之，妃大喜，居無何而妃卒。方萬安之求此術也，方士路逢淵，高談採戰，以術授安，後自稱法師，命安往西山受道，路先於途中待之。數日不至，無聊中，散步郊墟，忽遇一道叟，松顏鶴髮，齒高面紅，如赤松黃石輩。問其姓不答，叩其道不言。叟笑吟曰：「路逢冤，路逢冤，今日何緣遇萬安。」飄然而去，路大驚，逡巡欲返。爾時日色沉山，林昏鴉噪，四顧茫然，頓迷去向。又見一樵叟荷薪而過，叩其姓曰張，而不言名。路求指途，老叟指青燈處即是旅店，一謝而別，遂投宿焉。破椽蕭蕭中，夜聞隔屋歎聲，　隙而窺，則萬安也。私心憐之，又欲近之，遂抽其破壁而過，從圖一敘深情。時安已神倦，枕手而眠，忽聞壁響，疑是刼賊，乃舉坐凳一擊，其人遂撲，呼隨侍覘之，則自稱法師之路逢淵也。安究其情，則知為問候而來，伏地請罪，路亦忍痛作禮，問安曰：「相公不趨大道，胡亦至此乎？」安言：「吾奉師命欲往西山，夜夢仙叟對吾指示云：『萬安萬安，訪道西山，

西山大路不逢緣。』吾故趨車小道而來，不料與師相遇，竟作此一段惡戲。」

圓通子曰：以方士為法師，愚已甚矣，師不成師，故應受坐凳一擊。厥後萬安仍以房術進後宮，被憲宗察出逐罷，則徒弟亦失時矣。

七戲方士

成化末，梁芳、李孜省，鄧常恩、趙玉芝先後謫戍，繼皆遇赦，而太監蔣琮力言芳等罪狀，決不可赦，故梁李廢死，而鄧趙仍戍邊。先戍謫時，於途見旅壁遍處題云：「孜省梁芳，罪惡大彰，遇赦不宜赦，今渠下獄亡。常恩玉芝，謫戍西夷，逢赦不當赦，長與中土離。」款落「封三張」云。

圓通子曰：群小被謫，已無生氣，然小人心癡，必有回望三台，冀復大用，如萬安黜歸時者，故吾師題此戲之，以了局一黨也。

道觀題詩

嘉靖末，詔求天下方書，時南京道觀崇清寺壁上，有四絕句，款落「隱仙張玄玄」題。常有神燈夜照其字，後忽為雷電取去，詩見《雲水集》中。

大鬧魏祠

天啟中，魏忠賢生祠幾遍天下，而東華門外一所，尤為壯麗。日有襤褸瘋道三人，奮步遊觀，突入祠內，擊忠賢土偶像，糞土泥沙，污穢滿面。復於壁上大書四句云：「淫祠靡靡，王室如燬，錦繡江山，竟委於鬼」。守祠吏一見大驚，方欲扭執，而三瘋不見矣。吏恐忠賢聞之，即時洗伐，覺詩壁餘香，土偶餘臭，是夕忠賢一身皆痛楚云。

圓通子曰：快事快事，可補《明史》之遺，使閱者奮袂起舞。

道逢呂祖

順治初，秦蜀未平，時有一道士，披裘往來，隱顯莫測，行且歎息，歎已復笑，笑已復歌。歌曰：「乾坤明不明，豺虎尚横行。拂袖歸三島，蓬萊看水清。」又一道士佩劍執拂而來，依聲和之，和曰：「五更天欲明，出棧看雲行。與子同歸去，天得一以清。」飄然而至。佩劍者先謂披裘者曰：「三丰先生，今可以休息矣。」這道士稽首相答，語語禪鋒，了不可釋，忽然放大毫光，空中紅雲飛舞，結成「呂」字，二道士騰空而去。此事載《歐養真紀亂書》中。

枯海復生

康熙間，麟遊道上，馬家店有枯梅一株，椿頗奇古，不知何年種也。適值冬雪天寒，有張道人身披破衲，曉行至此，呼店主具麵食，煮未稠，即送至席上。道人曰：「咱不食生麵，與枯梅食之，待他快

活。」擲其麵於樹梢，攤錢而去。店主異焉。明晨覘之，枯梅已著花也，椏杈皆作手字狀。馬店因此大售，時時以麵水灌之，仍活。

圓通子曰：呂祖活樟，邱祖活柏，張祖活梅，皆可謂恩及草木。

青雲障暑

祖師遊蜀山，山多黃荊。時值天暑，諸父老芟鋤田野，不勝酷熱。師將黃荊枝結成圈子，戴於頭上，只見青雲如笠，浮浮空際，隨之往來。時有見者多效之，殊大清涼，不生熱疾。鄉老賦之曰：「首戴黃荊，雖少青雲覆頂；身居綠野，不妨赤日當頭。」至今雖（遂）成農圃故事云。

圓通子曰：或折枝作帽，或採葉作茗，此物皆大佳。

西溪假寐

同州有田翁者，家稱富有，生平頗好善。及其歿也，有一道人來

吊，自稱天外散人（取唐詩「天外三丰」之句，藏其號也），囑其子葬其父於秦嶺山中，土起乳包，兩石相抄處。

且曰：「吾與人卜地，只令無風水泥沙螻蟻足矣，切勿妄聽盲師，復行遷改。」田葬其父，十年平平，後為某師所惑，談封說拜，頓起他心，欲改葬焉。聞道人尚在西溪亭，田往詢其可否，乃至亭間，道人正酣睡石上，田以手推移再三，道人作矇矓語曰：「而翁正安臥，何來移動為也？」田不悟，復強推之。道人鼻息齁齁，竟不之答。田遂還家，仍從某師語，往開其墓，田公遺骨如黃金然，殊大悔恨。而某師強詞奪理，卒移他區，不十年而田產凋零。再訪道人，云已去年他往也。尋又逢某師，見其目瞽，丐於市云。

圓通子曰：田公之子，可謂不孝之甚者。

卷二　太極長生訣

重陽祖師十論

論打坐

王重陽云：坐久則身勞，既不合理，又反成病。但心不著物，又得不動，此是真定正基。用此為定，心氣調和，久益輕（清）爽。以此為驗（念），則邪正可知。若能心起皆滅，永斷覺知，入於忘定。倘任心所起，一無收制，則與凡夫原來不別。若惟斷善惡，心無指歸，肆意浮游，待自定者，徒自誤耳。若遍行諸事，言心無所染，於言甚善，於行極非，真學之流，特宜戒此。今則息妄而不滅照，守靜而不著空，行之

有常，自得真見，事或有疑，且任思量，令事得濟，所疑復悟，此亦生慧正根。悟已則止，必莫有思。思則以智害性，為子傷本，雖騁一時之俊，終虧萬代之業。一切煩邪亂想，隨覺即除。若聞毀譽善惡等事，皆即撥去，莫將心受。受之則心滿，心滿則道無所居。所有見聞，如不見聞，即是非善惡不入於心，心不受外，名曰「虛心」；心不遂（逐）外，名曰「安心」，心安而虛，道自來居。

論虛心二

經曰：人能虛心，虛非欲道，道自歸之。內心既無住著，外行亦無所為。非淨非穢，故毀譽無從生；非智非愚，故利害無由撓。實則順中為常，權則與時消息。苟免諸累，是其智也。若非時非事，役思強為者，自為不著，終非真學。何耶？心如眼，纖毫入眼，眼即不安；小事關心，心必動亂。既有動病，難入定門。修道之要，急在除病，病若不

除，終難得定。有如良田，荊棘不除，嘉禾不茂。愛欲思慮，是心荊棘，若不剪除，定慧不生。此心由來依境，未慣獨立，乍無所托，難以自安。縱得暫安，還復散亂。隨起隨滅，務令不動，久久調熟，自得安閒。無論晝夜，行住坐臥，及應事接物，當須作意安之。若未得安。即須安養，莫有惱觸。少得安閒，即堪自樂，漸漸馴狎，惟益清遠。且牛馬家畜也，放縱不收，猶自生梗，不受駕馭；鷹鸇野鳥，為人羈繫，終日在手，自然調熟。心亦如是，若縱任不收，惟益粗疏，何能觀妙？

論不染三

或曰：夫為大道者，在物而心不染，處動而神不亂，無事而不為，無時而不寂。今獨避動而取安，離動而求定。勞於控制，乃有動靜。一心滯於住守，是成取捨，兩病都未覺。其外執，而謂道之階要，何其謬耶！答曰：總物而稱大，通物之謂道，在物而不染，處事而不亂，真為大矣，實為妙矣。然吾子之見有所未明，何者？子徒見貝錦之輝煌，未曉如抽之素絲；才聞鶴鳴之沖天，詎識先資於穀食。蔽日之幹，起於毫末，神凝至聖，積習而成。今徒知言聖人之德，而不知聖人之所以德也。

論簡事四

修道之人，莫若簡事。知其閑要，識其輕重，明其去取，非要非重，皆應絕之。猶人食有酒肉，衣有羅綺，身有名位，財有金玉，此皆情欲之餘好，非益生之良藥，眾皆徇之，自致亡敗，何迷之甚也！

論眞觀五

夫真觀者，智士之先覺，能人之善察也。一餐一寐，俱為損益之源；一行一言，堪作禍福之本。巧持其末，不若拙守其本，觀本知末，又非躁競之情。收心簡事，日損有為，體靜心閑，方可觀妙。然修道之身，必資衣食，事有不可廢，物有不可棄者，須當虛襟以受之，明目而當之，勿以為妨，心生煩躁。若因事煩躁，心病已動，何名安心？夫人事衣食，我之船舫也。欲渡於海，必資船舫，因何未度，可（先）廢衣食？虛幻實不足營為，然出離虛幻，未能遽絕。雖有營求，莫生得失之心。有事無事，心常安泰。與物同求不同貪，同得而不同積。不貪故無憂，不積故無失。跡每同人，心常異俗。此言行之宗要，可力為之。

論色惡六

前節雖斷緣簡事，病有難除者。但依法觀之，若色病重者，當知染色都由想耳，想若不生，終無色事。當知色想外空，色心內忘，忘想心空，誰為色主。《經》云：「色者想耳。」想悉是空，何關色也？若見他人為惡心生嫌惡者，猶如見人自戕，引頸承取他刀，以害自命。他自為惡，不干我事，何故嫌惡？為我心病。不但為惡者不當嫌，即為善者亦須惡，何也？皆障道故也。業由我造，命由天賦，業之與命，猶影響

之逐形聲，既不可逃，又不可怨。唯有智者，善觀而達識之，樂天知命，故不憂貧病之苦也。《經》云：「天地不能改其操，陰陽不能迴其孽。」由此言之，真命也，又何怨焉？喻如勇士逢賊，揮劍當前，群凶奔潰，功勳一立，榮祿終身。今之貧病惱亂我身，則寇賊也；立刻正心，則勇士也；惱累消除，則戰勝也；湛然常樂，則榮祿也。凡有苦事來迫我心，不以此敵之，必生憂累，如人逢賊，不立功勳，棄甲背軍，逃亡獲罪，去樂就苦，何可憫哉！若貧病交侵，當觀此苦由我有身，患何由托？《經》曰：「及吾無身，吾何有患？」

論泰定七

泰定者，出俗之極也，致道之初基，習靜之成功，持安之畢事。形如槁木，心若死灰，無取無舍，寂滅之至，無心於定而無所不定，故曰「泰定」。《莊子》曰：「宇泰定者，發乎天光。」宇，心也，天光，

慧也。心為道之區宇，虛靜至極，則道居而慧生。慧出本性，非是人有，故曰「天光」。但以貪愛濁亂，遂至昏迷，性迷則慧不生。慧既生矣，寶而懷之，勿以多知而傷於定。非生慧難，慧而不用難。自古忘形者眾，忘名者寡，慧而不用，是忘名也，天下希及之，故為難。貴能不驕，富能不奢，為無俗過，故得長守富貴。定而不動，慧而不用，故得深證真常。

《莊子》曰：知道易，勿言難。知而不言所以天，知而言之所以人。古之人，天而不人。又曰：古之治道者，以恬養智，智生而無以智為也，謂之以智養恬。智與恬交相養，而和理出其本性也。恬智則定慧也，和理則道德也。有智不用，而安且恬，積而久之，自成道德，自然震雷破山而不驚，白刃交前而不懼，視名利如過隙，知生死如潰瘤，用志不分，乃凝於神，心之虛妙，不可思議。

論得道八

夫道者神異之事，靈而有性，虛而無象，隨迎不測，影響莫求，不知其然而然。至聖得之於古，妙法傳之於今。道有深力，徐易形神，形隨道通，與神合一，謂之神人，神性虛融，體無變滅，形以道通，故無生死。隱則形同於神，顯則神同於氣，所以踏水火而無害，對日月而無影。存亡在己，出入無間，身為滓質，猶至虛妙，況其靈智益深益遠乎。《生神經》云：「身神並一，則為真身。」又《西升經》云：「形神合同，故能長久。」然虛無之道，力有淺深。深則兼被於形，淺則惟及於心。

被形者，神人也；及心者，但得慧覺，而身不免謝。何者？慧是心用，用多則心勞。初得小慧，悅而多辯，神氣漏洩，無靈光潤身，遂至早終，道故難備。經云「屍解」，此之謂也。是故大人舍光藏輝，以斯

全備。凝神寶氣，學道無心，神與道合，謂之得道。經云：同於道者，道亦得之。山有玉，草木以之不凋；人懷道，形骸以之永固。資熏日久，變質同神，煉形入微，與道冥一。智照無邊，形超靡極，總色空而為用，舍造化以成功。真應無方，其惟道德。

坐忘樞翼九

夫欲修道成真，先去邪僻之行。外事都絕，無以干心，然後內觀正覺。覺一念起，即須除滅，隨起隨滅，務令安靜。其次雖非的有貪著，浮游亂想，亦盡滅除。晝夜勤行，須臾不替。惟滅動心，不滅照心，但凝空心，不凝住心，不依一法，而心常住。此法玄妙，利益甚深，自非夙有道緣，信心無二者不能。若有心傾至道，信心堅切，先受三戒，依戒修行，敬終如始，乃得真道。其三戒者，一曰簡緣，二曰除欲，三曰靜心。勤行此三戒，而無懈退者，則無心求道，而道自來。經曰：「人

能常清淨，天地悉皆歸。」由此言之，簡要之法，可不信哉！然則凡心躁競，其來固久，依戒息心，其事甚難。或息之而不得，或暫停而旋失，去留交戰，百體流汗。久久行持，乃得調熟。莫以暫收不得，遂廢千生之業，少得靜已，則於行住坐臥之時，涉事喧鬧之所，皆須作意安之。有事無事，常若無心，處靜處喧，其志唯一。若束心太急，則又成疾氣，發狂癡，是其候也。心若不動，又須放任，寬急得中，常自調適。制而無著，放而不逸，處喧無惡，涉事無惱，此真定也。不以涉事無惱，故求多事；不以處喧無動，故來就喧。以無事為真宅，以有事為應跡，若水與鏡，遇物見形。善巧方便，惟能入定，發慧遲速，則不由人，勿於定中急急求慧。求慧則傷性，傷性則無慧，不求慧而慧自生，此真慧也。慧而不用，實智若愚，益資定慧，雙美無極。若定中念想，則多感，眾邪百魅，隨心應現。惟令定心之上，豁然無覆，定心之下，

曠然無基，舊孽日消，新業不造，無所纏礙，迴脫塵網，行而久之，自然得道。夫得道之人，心身有五時七候。心有五時者，一動多靜少；二動靜相半；三靜多動少；四無事則靜，遇事仍動；五心與道合，觸而不動。心至此地，始得安樂，罪垢滅盡，無復煩惱。身有七候者，一舉動順時，容色和悅；二宿疾普消，身心清爽；三填補夭傷，還元復命；四延數千歲，名曰「仙人」；五煉形為氣，名曰「真人」；六煉氣成神，名曰「神人」。七煉神合道，名曰「至人」。若久學定心，身無五時七候者，促齡穢質，色謝歸空，自云慧覺，復稱成道，實所未然。

坐忘銘十

常默元氣不傷，少思慧燭內光。不怒百神和暢，下惱心地清涼。不求無諂無媚，不執可圓可方。不貪便是富貴，不苟何懼君王。味絕靈泉自降，氣定真息日長。觸則形斃神遊，想則夢離屍僵。氣漏形歸壟上，

念漏神趨死鄉。心死方得神活，魄滅然後魂強。博物難窮妙理，應化不離真常。至精潛於恍惚，大象混於渺茫。道化有如物化，鬼神莫測行藏。不飲不食不寐，是謂真人坐忘（十論終）。

重陽祖曰：心忘念慮，即超欲界；心忘緣境，即超色界；心不著空，即超無色界。離此三界，神居仙聖之鄉，性在清虛之境矣。

張三丰曰：此王重陽祖師十論也。無極大道，盡遇（寓）其中。空青洞天，向多有仙眞來遊，遺留丹訣道言以去者，此亦度人覺世之心。重陽祖師之十論，亦本斯旨也。山中人得此訓言，又何必另尋瑤草，另採仙花。即此是長生藥、不老丹也，恭錄之，以示後之好道者。

運用周身經脈訣

早　功

日將出即起，面對太陽光，吸氣三口，即將口閉。提起丹田之氣到上，即將口閉之氣，與津液咽下。然後將身往下一蹲，兩手轉托腰眼。左足慢慢伸直，三伸，收轉左足。又右足伸直，三伸，收轉右足。將頭面朝天一仰，又朝地一俯，伸起腰，慢立起。兩手不用，就拿開。立起之時，將右手慢慢掌向上三伸，往下一聳，又左手慢伸起，將掌向上三伸，亦往下一聳，然後一步一步做一周圍，一步步完，將兩足在圈內一跳，靜坐一刻，取藥服之。

午　功

正午先盤膝坐，兩手按膝，腰直起，閉目運氣，一口送下丹田。念

曰：「本無極之化身，包藏八卦有真因，清通一氣精其神，日月運行不息。陰陽甲乙庚辛，生剋妙用，大地回春。掃除六賊三屍，退避清真。開天河之一道，化玉之生新。圓明有象，淨徹無垠，養靈光於在頂，出慧照於三清。不染邪祟之害，不受污穢之侵，水火既濟，妙合地天人。學道守護，五方主令元神、四時八節宰治之神，養我魄，護我魂，通我氣血，生育流行。天罡地煞，布出元精，二十四炁十二辰，妙應靈感。觀世音、太上老元君、道祖呂真人、一一玉清真王長生大帝，化作太極護法韋陀，日月普照來臨」（念七遍）。開目，運動津液，徐嚥下。將左手按腰，右足伸出。右手按腰，左足伸出。伸出後，將兩足併合，往前一伸，頭身後一仰，立起。將兩掌擦熱，往面一擦，擦到兩耳，左手按左耳，右手按右耳，兩手中指上下交，各彈三下，往項下一抹到胸。左手擦心，右手在背腰中一打，然後兩手放開，頭身往下一勾，再以右手往前頭一拍，抬起腰身。左手腹中一抹，然後前足換後足，往前跳三步，退三步。口中津液，作三口嚥下，朝西吐出一氣，復面東吸進一氣，閉鼓氣一口送下，此導陰補陽也。

晚功

面朝北，身立住，左右手，捧定腹。兩足並，提起一氣運津液，待滿口，一氣嚥下。兩手左右一伸如一字，掌心朝外豎起，將少蹲，作彎弓之狀。左手放前，對定心。右手抬過頭，掌朝上，四指捻定，空中指直豎。右掌朝下，捻大少指，中三平豎。兩手相對，如龍頭虎頸抱合之相。頭於此時側轉，面向東。往前一起一蹲，走七步，立正。將兩手平放，以右手抱左肩，左手抱右肩，蹲下，頭勾伏胸前，兩目靠閉膀中間，呼吸一回。將兩目運動，津液生起，以舌尖抵上腭，上下齒各四五下，將津液徐徐嚥。兩手一抄，蹤起一步，右手往上一抬，放下，左手

往上一抬，放下，輪流三次。左足搭右足，往下一蹲，立起，右足搭左足，往下一蹲，立起，將腰扭轉一次，乃呵氣一口。收轉氣，兩手在膝蓋上各捻兩三下，左邊走至右邊，右邊走至左邊，共八十步，此要對東北走，東北對西南走。完坐下，略閉神一會，將兩手對伸一下，站起再服晚藥。以清水漱淨口，仰眾到寅，再住，翻動睡之。此通養神功，敗魂聚魄也。

打坐淺訓

修煉不知玄關，無論其他。只此便如入暗室一般，從何下手？玄關者。氣穴也。氣穴者，神入氣中，如在深穴之中也。神氣相戀，則玄關之體已立。

古仙云：「調息要調真息息，煉神須煉不神神。」真息之息，息乎

其息者也；不神之神，神乎其神者也。總要無人心，有道心。將此道心返入虛無，昏昏默默，存於規中，乃能養真息之息，得不神之神。

初學必從內呼吸下手，此個呼吸，乃是離父母重立胞胎之地，人能從此處立功，便如母呼亦呼，母吸亦吸之時，好像重生之身一般。

大凡打坐，須將神抱住氣，意繫住息，在丹田中宛轉悠揚，聚而不散，則內藏之氣，與外來之氣，交結於丹田。日充月盛，達乎四肢，流乎百脈，撞開夾脊、雙關而上游於泥丸，旋復降下絳官而下丹田。神氣相守，息息相依，河車之路通矣。功夫到此，築基之效已得一半了，總是要勤虛煉耳。

調息須以後天呼吸，尋真人呼吸之處，古云：「後天呼吸起微風，引起真人呼吸功。」然調後天呼吸，須任他自調，方能調得起先天呼吸，我惟致虛守靜而已。真息一動，玄關即不遠矣。照此進功築基，可

翹足而至，不必百日也。

《道德經》「致虛極，守靜篤」，二句可渾講，亦可析講。渾言之，只是教人以入定之功耳。析言之，則虛是虛無，極是中極，靜是安靜，篤是專篤，猶言致吾神於虛無之間，而準其中極之地，守其神於安靜之內，必盡其專篤之功。

人心者二，一真一妄，故覓真心者，不生妄念，即是真心。真心之性格最寬大，最光明，真心之所居最安然，最自在。以真心理事，千條一貫，以真心尋道，萬殊一本。然人要用他應事，就要養得他壯大，就要守得他安閒，然後勞而不勞，靜而能應。丹訣云：「心走即收回，收回又放下，用後復求安，求安即生悟」也。誰云鬧中不可取靜耶？

遊方枯坐，固非道也。然不遊行於城市雲山，當以氣遊行於通身關竅內，乃可不打坐於枯木寒堂，須以神打坐於此身妙竅中乃可。

學道以丹基為本，丹基既凝，即可回家，躬耕養親，做幾年高士醇儒，然後入山尋師，了全大道。彼拋家、絕妻、誦經、焚香者，不過混日之徒耳，烏足道哉！

保身以安心養腎為主，心能安則離火不外熒，腎能養則坎水不外崩。火不外熒，則無神搖之病，而心愈安。水不外崩，則無精涸之症，而腎愈澄。腎澄則命火不上沖，心安則神火能下照。神精交結，乃可以卻病，乃可以言修矣。

凡人養神養氣之際，神即為收氣主宰。收得一分氣，便得一分寶，收得十分氣，便得十分寶。氣之貴重，世上凡金凡玉雖百兩不換一分。道人何必與世人爭利息乎？利多生忿恚，忿恚屬火，氣亦火種，忿恚一生，氣隨之走，欲留而不能留。又其甚者，連母帶子，一齊飛散。故養氣以戒忿恚為切。欲戒忿恚，仍以養心養神為切。功名多出於意外，不

可存干祿之心。孔子曰：「學也，祿在其中矣。」修道亦然，不可預貪效驗。每逢打坐，必要心靜神凝，一毫不起忖度希冀之心，只要抱住內呼吸做工夫。

煉心之法，自小及大，如今三伏大炎，一盞飯可也，再求飽不可也。一片涼可也，再求大涼不可也。數點蚊不足畏也，必求無蚊不能也，自微及鉅，當前即煉心之境。

苦中求甘，死裏求生，此修道之格論也。

學道之士，須要清心清意，方得真清之藥物也。毋逞氣質之性，毋運思慮之神，毋使呼吸之氣，毋用交感之精。然真精動於何時，真神生於何地，真氣運於何方，真性養於何所，是不可不得明辨，以晰者而細言之也。

凡下手打坐，須要心神兩靜，空空寂寂鬼神不得而知，其功夫只宜

自考自信，以求自得，所謂誠其意者，毋自欺也。誠於中自形於外，是以君子必慎其獨也。

打坐之中，最要凝神調息，以暇以整，勿助勿忘，未有不逐日長工夫者。

凝神調息，只要心平氣和。心平則神凝，氣和則息調。心平，平字最妙，心不起波之謂平，心執其中之謂平，平即在此中也。心在此中，乃不起波，此中即丹經之玄關一竅也。

打坐歌

初打坐，學參禪，這個消息在玄關。秘秘綿綿調呼吸，一陰一陽鼎內煎。性要悟，命要傳，休將火候當等閒。閉目觀心守本命，清靜無為是根源。百日內，見應驗，坎中一點往上翻。黃婆其間為媒妁，嬰兒姹

女兩團圓。美不盡，對誰言？渾身上下氣沖天。這個消息誰知道？啞子做夢不能言。急下手，採先天，靈藥一點透三關。丹田直上泥丸頂，降下重樓入中元。水火既濟真鉛汞，若非戊己不成丹。心要死，命要堅，神光照耀遍三千。無影樹下金雞叫，半夜三更現紅蓮。冬至一陽來復始，霹靂一聲震動天。龍又叫，虎又歡，仙藥齊鳴非等閒。恍恍惚惚存有無，無窮造化在其間。玄中妙，妙中玄，河車搬運過三關。天地交泰萬物生，日飲甘露似蜜甜。仙是佛，佛是仙，一性圓明不二般。三教原來是一家，饑則吃飯困則眠。假燒香，拜參禪，豈知大道在目前？昏迷吃齋錯過了，一失人身萬劫難。愚迷妄想西天路，瞎漢夜走入深山。天機妙，非等閒，洩漏天機罪如山。四正理，著意參，打破玄關妙通玄。子午卯酉不斷夜，早拜明師結成丹。有人識得真鉛汞，便是長生不老丹。行一日，一日堅，莫把修行眼下觀。三年九載功成就，煉成一粒紫金丹。要知此歌何人作？清虛道人三手仙。

積氣開閡說

其端作用，亦如前功，以兩手插金鍬，用一念歸玉府，全神凝氣，動俾靜忘。先存其氣，自左湧泉穴起於膝脛，徐徐上升三關，約至泥丸，輕輕降下元海。次從右湧泉穴，俾從右升降，作用與左皆同。左右各運四回，兩穴雙升一次，共成九轉，方為一功。但運谷（穀）道輕提，踵息緩運，每次須加九次，九九八十一次為終。其氣自然周流，其關自然通徹。倘若未通，後加武訣，逐次搬行。先行獅子倒坐之功，於中睜睛三吸，始過下關，後乃飛金精於肘後，掇肩連聳，自升泥丸，大河車轉。次撼崑崙，擦腹搓腰八十一，研手摩面二十四，拍頂轉睛三八止，集神叩齒四六通。凡行此功，皆縮谷閉息。每行功訖，俱要嗽咽三

分，方起搖身，左右各行九紐，此為動法。可配靜功，互為運行，週如復始，如此無間，由是成功。上士三晝夜而關通，中士二七以透徹，下士月餘關亦通。功夫怠惰，百日方開。若骨痛少緩其功，倘睛熱多加呵轉，一心不惰，諸疾無侵。其時泥丸風生，而腎氣上升。少刻鵲橋瑞香，而甘露下降。修丹之士，外此即誣。若非這樣開道，豈能那般升降而煉已配合也哉？

太極拳論

一舉動，周身俱要輕靈，尤須貫力。氣宜鼓蕩，神宜內斂，毋使有凸凹處，毋使有斷續處。其根在腳，發於腿，主宰於腰，形於手指。由腳而腿、而腰，總須完整一氣，向前、退後，乃得機得勢。有不得機得勢處，身便散亂，其病必於腰腿求之，上下前後左右皆然。凡此皆是意，不在外面。有上即有下，有前即有後，有左即有右。如意要向上，即寓下意，若將物掀起而加以挫之之力，斯其根自斷乃壞之速而無疑。虛實宜分清楚，一處自有一處虛實，處處總此一虛實，周身節節貫串，無令絲毫間斷耳。長拳者，如長江大海，滔滔不絕也。十三勢者，掤、攦、擠、按、採、挒、肘、靠，此八卦也；進步、退步、右顧、左盼、中定，此五行也；掤、攦、擠、按，即坎、離、震、兌四正方也；採、挒、肘、靠，即乾、坤、艮、巽四斜角也。進、退、顧、盼、定，即金、木、水、火、土也。

附清山陰王宗岳太極拳經

太極者，無極而生，陰陽之要也。動之則分，靜之則合。無過不及，隨屈隨伸。人剛我柔謂之走，我順人背謂之黏。動急則急應，動緩則緩隨。雖變化萬端，而惟性一貫。由著熟而漸悟懂勁，由懂勁而階及

神明，然非用力之久，不能豁然貫通焉。虛靈頂勁，氣沉丹田，不偏不倚，忽隱忽現。左重則左虛，右重則右杳。仰之則彌高，俯之則彌深。進之則愈長，退之則愈促。一羽不能加，蠅蟲不能落。人不知我，我獨知人。英雄所向無敵，蓋由此而及也。斯技旁門甚多，雖勢有區別，概不外壯欺弱，慢讓快耳！有力打無力，手慢讓手快，是皆先天自然之能，非關學力而有為也！察「四兩撥千斤」之句，顯非力勝；觀耄耋能禦眾之形，快何能為？立如平準，活似車輪。偏沉則隨，雙重則滯。每見數年純功，不能運化者，率自為人制，雙重之病未悟耳！若欲避此病，須知陰陽。黏即是走，走即是黏；陰不離陽，陽不離陰，陰陽相濟，方為懂勁。懂勁後，愈練愈精，默志揣摩，至從心所欲。本是「捨己從人」，多誤「捨近求遠」，斯為「差之毫釐，謬以千里」，學者不可不詳辨焉。

學太極拳須斂神聚氣論

太極之先，本為無極。鴻蒙一炁，渾然不分，故無極為太極之母，即萬物先天之機也。二炁分，天地判，始成太極。二炁為陰陽，陰靜陽動，陰息陽生，天地分清濁，清浮濁沉，清高濁卑，陰陽相交，清濁相媾，氤氳化生，始育萬物。人之生世，本有一無極，先天之機是也。迨入後天，即成太極。故萬物莫不有無極，亦莫不有太極也。人之作用，有動必靜，靜極必動，動靜相因，而陰陽分，渾然一太極也。人之生機，全恃神氣。氣清上浮，無異上天；神凝內斂，無異下地，神氣相交，亦宛然一太極也。故傳我太極拳法，即須先明太極妙道，若不明此，非吾徒也。太極拳者，其靜如動，其動如靜，動靜循環，相連不斷，則二炁既交，而太極之象成。內斂其神，外聚其氣，拳未到而意先到，拳不到而意亦到。意者，神之使也。神氣既媾，而太極之位定。其象既成，其位既定，氤氳化生，而演為七二之數。太極拳總勢十有三：掤、攌、擠、按、採、挒、肘、靠、進步、退步、右顧、左盼、中定，按八卦五行之生剋也。其虛靈、含拔、鬆腰、定虛實、沉墜、用意不用力、上下相隨、內外相合、相連不斷、動中求靜，此太極拳之十要，學者之不二法門也。

學太極拳為入道之基。入道以養心定性、聚氣斂神為主，故習此拳，亦須如此。若心不能安，性即擾之；氣不外聚，神必亂之。心性不相接，神氣不相交，則全身之四體百脈，莫不盡死，雖依勢作用，法無效也。欲求安心定性，斂神聚氣，則打坐之舉不可缺，而行功之法不可廢矣。學者須於動靜之中尋太極之益，於八卦、五行之中求生剋之理，然後混七二之數，渾然成無極。心性神氣，相隨作用，則心安性定，神

斂氣聚，一身中之太極成，陰陽交，動靜合，全身之四體百脈，周流通暢，不黏不滯，斯可以傳吾法矣。

太極行功說

太極行功，功在調和陰陽，交合神氣，打坐即為第一步下手功夫。行功之先，尤應治臟，使內臟清虛，不著渣滓，則神斂氣聚，其息自調。進而吐納，使陰陽交感，渾然成為太極之象，然後再行運各處功夫。冥心兀坐，息思慮，絕情慾，保守真元，此心功也；盤膝曲股，足跟緊抵命門，以固精氣，此身功也；兩手緊掩耳門，疊指背彈耳根骨，以祛風池邪氣，此首功也；兩手擦面待其熱，更用唾沫偏摩之，以治外侵，此面功也；兩手按耳輪，一上一下摩擦之，以清其火，此耳功也；緊合其睫，睛珠內轉，左右互行，以明神室，此目功也；大張其口，以

舌攪口，以手鳴天鼓，以治其熱，此口功也；舌抵上腭，津液自生，鼓漱嚥之，以潤其內，此舌功也；叩齒三六，閉緊齒關，可集元神，此齒功也；兩手大指擦熱揩鼻，左右卅六，以鎮其中，此鼻功也。既得此行功奧竅，還須正心誠意，冥心絕慾，從頭做去，始能逐步升登，證悟大道，長生不老之基，即胎於此。

若才得太極拳法，不知行功之奧妙，挐置不顧，此無異煉丹不採藥，採藥不煉丹，莫道不能登長生大道，即外面功夫，亦絕不能成就。必須功拳並練。蓋功屬柔而拳屬剛，拳屬動而功屬靜，剛柔互濟，動靜相因，始成為太極之象，相輔則行，方足致用。此練太極拳者，所以必先知行功之妙用；行功者，所以必先明太極之妙道也。

太極行功歌

兩氣未分時，渾然一無極。陰陽位既定，始有太極出。人身要虛靈，行功主呼吸。呵、噓、呼、呬吹，加嘻數成六。六字意如何？治臟不二訣。治肝宜用噓，噓時睜其目；治肺宜用呬，呬時手雙托；心呵頂上叉，腎吹抱膝骨；脾病一再呼，呼時把口撮；仰臥時時嘻，三焦熱退鬱。持此行內功，陰陽調胎息，大道在正心，誠意長自樂，即此是長生，胸有不死藥。

太極拳歌

十三總勢莫輕視，命意源頭在腰隙。變轉虛實須留意，氣遍身軀不少滯。靜中觸動動猶靜，因敵變化示神奇。勢勢揆心須用意，得來不覺費工夫。刻刻留心在腰間，腹內鬆淨氣騰然。尾閭中正神貫頂，滿身輕利頂頭懸。仔細留心向推求，屈伸開合聽自由。入門引路須口授，工夫無息法自休。若言體用何為準？意氣君來骨肉臣。想推用意終何在？益壽延年不老春。歌兮歌兮百卌字，字字真切義無遺。若不向此推求去，枉費工夫貽歎息。

掤攌擠按須認真，上下相隨人難進，任他巨力來打我，牽動四兩撥千斤，引進落空合即出，粘連黏隨不丟頂。

太極拳十三勢行功心解

以心行氣，務令沉著，乃能收斂入骨。以氣運身，務令順遂，乃能便利從心。精神能提得起，則無遲重之虞，所謂「頂頭懸」也。意氣須換得靈，乃有圓活之趣，所謂「變動虛實」也。發勁須沉著鬆淨，專主一方。立身須中正安舒，支撐八面。行氣如九曲珠，無往不利（氣遍身軀之謂），運勁如百煉鋼，何堅不摧？形持鬼之鵠，神如捕鼠之貓。靜如山岳，動若江河，蓄勁如開弓，發勁如放箭。曲中求直，蓄而後發。力有脊發，步隨身換。收即是放，斷而復連。往復須有摺疊（折迭），進退須有轉換。極柔軟，始能極堅硬。能呼吸，然後能靈活。氣以直養而無害，勁以曲蓄而有餘。心為令，氣為旗，腰為纛。先求開展，後求緊湊，乃可臻於縝密矣。又曰：先在心，後在身，腹鬆，氣斂入骨，神舒體靜，刻刻在心。

切記一動無有不動，一靜無有不靜。牽動往來氣貼背，斂入脊骨，內固精神，外示安逸。邁步如貓行，運勁如抽絲。全神意在精神，不在氣，在氣則滯。有氣者無力，無氣者純剛。氣若車輪，腰如車軸。

行功十要

面要常擦，目要常揩，耳要常彈，齒要常叩，背要常暖，胸要常護，腹要常摩，足要常搓，津要常嚥，腰要常揉。

行功十忌

忌早起磕頭，忌陰室納涼，忌濕地久坐，忌冷著汗衣，忌熱著曬衣，忌汗出扇風，忌燈燭照睡，忌子時房事，忌涼水著肌，忌熱火灼膚。

行功十八傷

久視傷精，久聽傷神，久臥傷氣，久坐傷脈，久立傷骨，久行傷

筋，暴怒傷肝，思慮傷脾，極憂傷心，過悲傷肺，至飽傷胃，多恐傷腎，多笑傷腰，多言傷液，多睡傷津，多汗傷陽，多淚傷血，多交傷髓。

太極拳七十二路圖勢

太極起式（一圖）
攬雀尾（二至五圖）
單鞭（六圖）
提手（七圖）
白鶴亮翅（八圖）
摟膝拗步（九圖）
手揮琵琶（一〇圖）
左右摟膝拗步（一一、一二圖）
手揮琵琶（一三圖）
進步搬攔捶（一四、一五圖）
如封似閉（一六圖）
十字手（一七圖）
抱虎歸山（一八圖）
肘底看錘（一九圖）

左蹬腳（五〇圖）　轉身蹬腳（五一圖）
上步搬攔錘（五二、五三圖）　如封似鎖（五四圖）
十字手（五五圖）　抱虎歸山（五六圖）
斜單鞭（五七圖）　左右野馬分鬃（五八、五九圖）
上步攬雀尾（六〇至六三圖）　單鞭（同六八圖）
玉女穿梭（六四、六五圖）　上步攬雀尾（六六、六七圖）
單鞭（六八圖）　抎手（六九、七〇圖）
單鞭下勢（七一圖）　金雞獨立（七二、七三圖）
倒輦猴（七四、七五圖）　斜飛式（七六圖）
提手（七七圖）　白鶴亮翅（七八圖）
摟膝拗步（七九圖）　海底針（八〇圖）
扇通臂（八一圖）　撇身錘（八二圖）

上步搬攔錘（同五二、五三圖）
攬雀尾單鞭（八三至八六圖）
抎手（八七、八八圖）
單鞭（八九圖）
高探馬（九〇圖）
十字腿（九一圖）
摟膝指襠錘（九二圖）
上勢攬雀尾（九三至九六圖）
單鞭下勢（同七一圖）
上步七星（九七圖）
退步跨虎（九八圖）
轉腳擺蓮（九九圖）
彎弓射虎（一〇〇圖）
上步搬攔錘（一〇一、一〇二圖）
如封似鎖（一〇三圖）
十字手（一〇四圖）
合太極（一〇五圖）

7
4
1
8
5
2
9
6
3

16
13
10
17
14
11
18
15
12

25
22
19
26
23
20
27
24
21

34
31
28
35
32
29
36
33
30

37

38

39

40

41
42
43
44
45
46

50
47
51
48
52
49

59
56
53
60
57
54
61
58
55

62
63
64
65
66
67
68
69
70

71
72
73
74
75
76
77
78
79

86
83
80
87
84
81
88
85
82

89

90

91

92

93

94

95

96

97

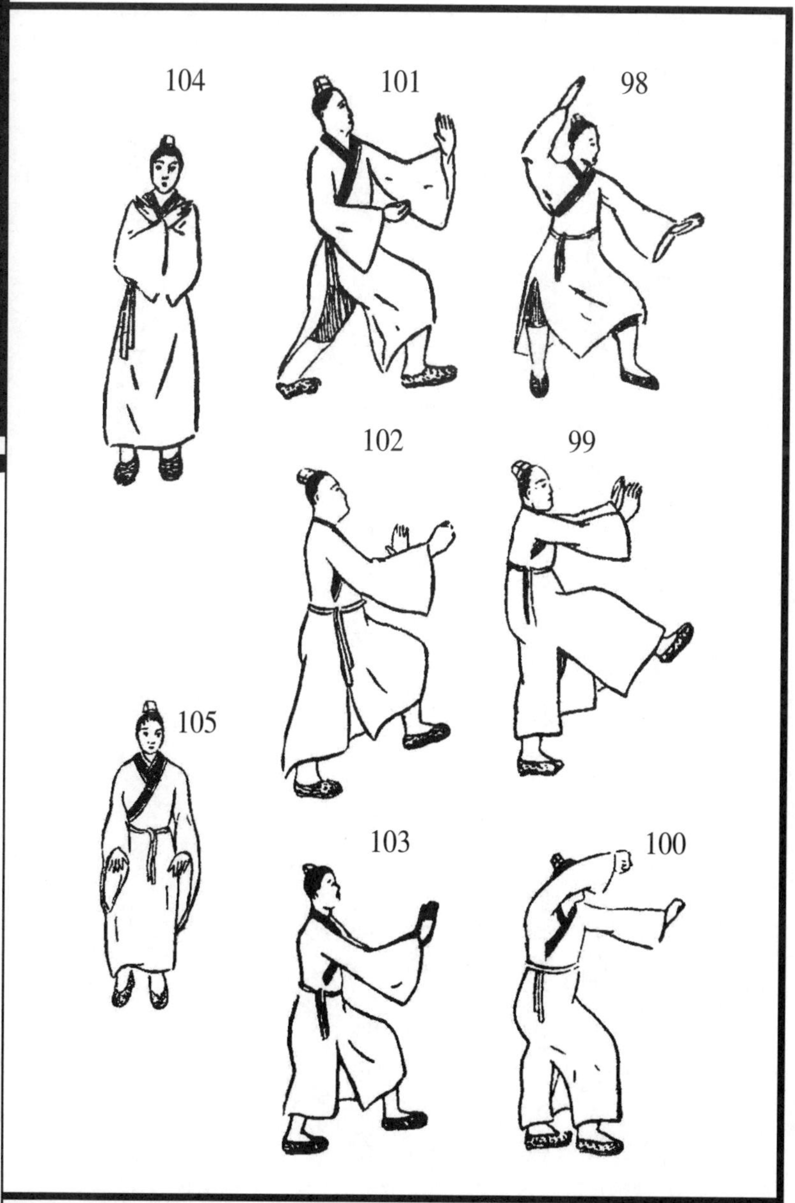
104
101
98
102
99
105
103
100

卷三　修道篇

大道論上

夫道者，統生天生地生人生物而名。含陰陽動靜之機，具造化玄微之理，統無極，生太極。無極為無名，無名者，天地之始；太極為有名，有名者，萬物之母。因無名而有名，則天生地生人生物生矣。今專以人生言之：父母未生以前，一片太虛，托諸於穆，此無極時也。無極為陰靜，陰靜陽亦靜也。父母施生之始，一片靈氣，投入胎中，此太極時也。太極為陽動，陽動陰亦動也。自是而陰陽相推，剛柔相摩，八卦相蕩，則乾道成男，坤道成女矣。故男女交媾之初，男精女血混成一

物，此即是人身之本也。嗣後而父精藏於腎，母血藏於心，心腎脈連，隨母呼吸，十月形全，脫離母腹。斯時也，性渾於無識，又以無極伏其神，命資於有生，復以太極育其氣。氣脈舒而內蘊元神，則曰真性。神思靜而中長元氣，則曰真命。渾渾淪淪，孩子之體，正所謂天性天命也。人能率此天性，以復其天命，此即可謂之道，又何修道之不可成道哉？奈何靈明日著，知覺日深，血氣滋養，歲漸長歲，則七情六欲，萬緒千端，晝夜無休息矣！

心久動而神漸疲，精多耗而氣益憊，生老迫而病死之患成，並且無所滋補，則瘵病頻生，而欲長有其身，難矣！觀此生死之道，人以為常，誠為可惜。然其疾病臨身，亦有求醫調治，望起沉疴，圖延歲月者，此時即有求生之心，又何益乎？予觀惡死之常情，即覓長生之妙術，辛苦數年，得聞仙道。仙道者，長生之道也，而世人多以異端目之。夫黃老所傳，亦正心修身，治國平天下之理也，而何詫為異端哉！

人能修正身心，則真精真神聚其中，大才大德出其中，聖經曰：「安而後能慮」，富哉言乎！吾嘗論之矣。有如子房公之安居下邳，而後能用漢報韓；諸葛君之安臥南陽，而後能輔蜀伐魏；李鄴侯之安養衡山，而後能興唐滅虜。他若葛稚川之令勾漏、趙清源之刺嘉州、許真君之治旌陽，是皆道成住世，出仕安民者。彼其心，不皆有君父仁義之心哉？孔子鄙隱怪，孟子拒楊墨。隱也者，乃讖緯說封禪書之類；怪也者，乃微生高陳仲子之類。仙家不然也，長春朝對，皆仁民愛物之言；希夷歸山，懷耿合清高之致，何隱怪之有哉？楊子為我，墨子薄親，仙家不爾也。三千功行，濟人利世為先資；二十四孝，吳猛丁蘭皆仙客，又何楊墨之可同哉？孔曰求志，孟曰尚志，問為何志？曰仁義而已矣。仁屬木，木中藏火，大抵是化育光明之用，乃曰仁。義屬金，金中生水，大抵是裁制流通之用，乃曰義。仙家汞鉛，即仁義之種子也。金木交併，水火交養，故嘗隱居求志。高尚其志，而後汞鉛生，丹道凝，志包仁義汞鉛，而兼金木水火之四象。求之尚之者，誠意為之，意志合而五行全，大道之事備矣。故孔孟當日只闢隱怪楊墨，而未聞攘斥佛老。

唐宋以來，乃有韓朱二賢，力闢二氏，諸大儒和之，群小儒拾其唾餘，以求附尾。究竟闢著何處？反令世尊含笑，太上長歎。小儒輩不過徒吹濫竽，未必有韓朱之識見也。何言之？韓朱之闢二氏者，闢其非佛非老之流，非闢真學佛老者也，不然昌黎詩集，往來贈答又何以極多二氏之人，如送張道士有詩，送大顛有詩，送惠師靈師，皆有詩。或以為借人發議，故於惠師云「吾疾遊惰者，憐子愚且淳」，於靈師亦云「方將斂之道，且欲冠其顛」，似譏之矣。然何以於張道士，盡無貶詞，於大顛師，全無誚語？蓋此二師者，乃真仙真佛之徒。張仙以尚書不用而歸真，顛佛以聰明般若而通禪，雖昌黎亦不能下手排之，肆口毀之也。且其家又生韓湘仙伯，雪擁藍關，蓋已遠來者之非凡人也。

朱子少年，亦嘗出入二氏，蓋因不得其門而入，為二氏之匪徒所迷，故疑其虛無荒誕，空寂渺茫，回頭牴牾耳。迨其晚年學博，則又愛讀《參同契》，並云參同之書，本不為明易，蓋借此以寓其進退行持之候耳。更與人書云：「近者道間，不挾他書，殆得熟玩參同」，是更津津然以仙道為有味也。然則韓朱二賢，特闢其非佛非老之流，非闢真學佛老者也，否則前後一身，自相矛盾，則二賢亦可笑也。

予也不才，竊嘗學覽百家，理綜三教，並知三教之同此一道也。儒離此道不成儒，佛離此道不成佛，仙離此道不成仙，而仙家特稱為道門，是更以道自任者也，復何言哉！平充論之，曰儒也者，行道濟時者也；佛也者，悟道覺世者也；仙也者，藏道度人者也，各講各的好處，合講合的好處，何必口舌是非哉？

夫道者，無非窮理盡性，以至於命而已矣。孔子隱諸罕言，仙家暢言之，喻言之字樣多而道義微，故人不知耳。人由天地而育，亦由父母而生，順而用之，則鼻祖耳孫嗣續而成，逆而用之，則真仙上聖亦接踵而出，同其理也。《悟真篇》云：「修身之事，不拘男女。」此金丹大藥，雖愚昧野人得之，立登仙位，不拘貴賤賢愚、老衰少壯，只要素行陰德，仁慈悲憫，忠孝信誠，全於人道，仙道自然不遠也。又須洞曉陰陽，深參造化，察其真偽，得陰陽之正氣，覓鉛汞之真宗，方能換骨長生，居不夜之天，玩長春之景，與天地同久，日月同明，此正大丈夫分內事也。至於旁門邪徑，御女採陰，服煉三黃，燒餌八石，是旁門無功也。又有以按摩導引，吐吶呵噓，修服藥草，為養生之方者，雖能暫去其疾，難逃老衰命盡，而被達人恥笑也。伯端翁云：「閉息一法，若能忘機絕念，亦可入定出神。」奈何精氣神屬陰，宅舍難固，不免有遷徙之苦。更有進氣補血，名為抽添接命之術者，亦能避疾延年，保身健體，若欲服食養就胎仙，必不能也。其他旁門邪徑，乃實為吾道之異端也，何足道。或者謂人之生死，皆有定數，豈有違天數而逃死者？獨不思福自我求，命自我造，陰騭可以延年。學長生者，只要以陰功為體，金丹為用，則天數亦可逃也。伏維我太上道祖列聖高真，施好生之心，廣度人之願，寵開玄教，密授仙方，名曰金丹。原始要終，因此盡露天機，大泄元奧，其中行持妙用、三候二關、九琴九劍、藥材法器、火候符章，悉已敷衍全備，各宜詳究諸經，以還其性命之本。

予論雖俗，義理最美，所謂真實不虛也。倘得者無所猜疑，庶可以行持下手，雖不遇名師好友，得遇此書，即如師友在前，自能頓悟無上也。較諸行世丹經，悉合一理，罔不洞徹，實屬苦海之慈航，指迷之智

燭。雖曰行之惟艱，然勿畏難而苟安也。再有進箴者，身抱金丹之後，即宜高隱洞天，深藏福地，勿以黃白賣弄朝廷，為方士之先導，隱顯度世，以待天符，白日飛升，不露圭角，此方為無上上品真人，歷萬劫而不壞者也。後來同志，玩之鑒之。

大道論中

天地之間，至靈至貴者人也，最忙最速者時也，可大可久者金丹也。惜人多溺於功名富貴場中，愛慾恩情之內，狼貪不已，蛾撲何休。一朝土限臨身，斯時悔之何及，惟其甘分，待終就死而已，誰知有長生不老之方，誰悟有金丹靈藥之妙？誠可惜哉！此金丹靈藥，非世間之所無，非天上之不可得者，只在於同類中求之，乃生身固有之物也，簡而且易，至近非遙。

余嘗有《金丹賦》記之，詞極朗暢，今追憶其中段云：「夫造金丹者，始則借乾坤為玄牝，學造化於陰陽，識二八之相當，知坎離之互藏，候金氣之滿足，聽水潮之汪洋。繼則著鉛花於癸後，玩月夕於庚方，製刀圭於片晌，罷龍虎之戰場，喚金公而歸舍，配玉女而入房。」果能此道矣。雖愚必明，雖柔必強。先儒曰：「聖人不言易，以滋人之惑，亦未嘗言難，以阻人之進。」若人用意追求，殷勤修煉，自必入聖超凡，長登壽域，永享無窮之樂也，豈小補哉！且人為功名富貴，亦有備極窮苦，而後可成者。若以勞苦之心，易而為修煉之心，將見九還到手，萬劫存神，以比功名富貴，孰短孰長耶？

仲尼曰：「不義而富且貴，於我如浮雲。」又曰：「其為仁矣，不使不仁者加乎其身。」不仁不義，莫甚於狂貪妄想。胡氏曰：「志於道，則外物不足以累其身。」《悟真》曰：「若會殺機明反覆，始知害裡卻生恩。」是知欲求還丹，必先絕欲。勤於殺機者，刻刻有靈劍在

手，外欲乍乘，急需就起殺機，勿容縱意，久久純熟，對鏡無心，即可行反本歸根之道。《易翼》曰：「終日乾乾，反覆道也。」反覆之道，得長生之果證也，人胡不勉而行之？萬物如草木之匯，猶能歸根反本，以歷歲時；人為萬物之靈，動至死地，是反不如草木也，能不愧乎？夫此反本歸根之道，又非邪徑旁門之說也。世人以德行為先，陰功為本，察陰陽造化之機，求玄牝乾坤之妙，辨二八坎離之物，定金花水月之時，施降龍伏虎之威，明立命生身之處，其間致虛守靜，他主我賓，日月交光，戊己為用，則丹成反掌矣。《易》曰：「男女媾精，萬物化生。」人有此身，亦因父母而得，倘無父母，身何有乎？故作金丹之道，與生身事同，但順則成人，逆則成仙，順逆之間，天地懸隔。只要逆用陰陽，自然成就，並非邪徑旁門也。

茲余所論，大泄真機，皆列聖口傳心授之旨。人能照此下手行持，

自能奪天地玄妙之功，窮鬼神不測之奧，誠金丹之口訣也。除此之外，再無別傳。先賢云：「聖人未生，道在天地，聖人已往，道著六經。」予之末論，雖不敢與聖經相比，亦可為問道之正途，如撥雲霧而見青天，似剪荊棘而尋大路，坦然無礙，豁然有門。學者若能專心研究，自然默契仙緣，幸勿輕易視之也。萬金難換，百寶難求，勿示非人，尚其重之。

大道論下

一陰一陽之謂道，修道者修此陰陽之道也，一陰一陽，一性一命而已矣。《中庸》云：修道之謂教，三教聖人皆本此道以立其教也。此道原於性，本於命。命猶令也，天以命而賜人以令也；性即理也，人以性而由天之理也。夫欲由其理，則外盡倫常者其理，內盡慎獨者其理。忠孝友恭，衷乎內也，然著其光輝則在外也；喜怒哀樂，見於外也，然守其未發，則在內也。明朗朗天，活潑潑地，盡其性而內丹成矣。夫欲全其令，則殷勤顧之者此令，依法用之者此令。存心養性，此顧命之勤勞也；集義生氣，此用令之法度也。煉氣化神，煉神還天，復其性兼復其命，而外丹就矣。吾願後之人，修此正道，故直言之：修道以修身為大，然修身必先正心誠意，意誠心正，則外欲皆除。然後講立基之本，氣為使焉，神為主焉，學者下手之初，必須知一陽初動之候，真鉛始生之時。其氣迅速如電，而不能久居於先天，霎時而生癸水，頃刻而變，經流迨，至生形化質，已屬後天而不可用矣。崑崙之上有玄門，其竅甚小，陰陽會合時，不許動搖，待其情性相感，自然彼我相通。凡有形質者，不能升入竅內，夫唯真氣橐籥，乃能進於竅內也。故聖人直指先天一炁，沖開此竅。

又曰：「修地之徑路，可以續命延年，修真而全真，無來無去，不生不滅。」今之愚人，聞說有用生陽之道者卻行御女巧詐之術，正如披麻救火，飛蛾撲燈，貪其美色，胡肆縱橫，日則逞力多勞，夜則恣情縱欲，致使神昏炁敗，髓竭精枯，猶不醒悟，甘分待終。古之賢人不然，忠孝兩全，仁義博施，暗行方便，默積陰功，但以死生為念，不以名利關心，日則少慮無思，夜則清心寡欲，以此神全炁壯，髓滿精盈。每歎凡軀，如石中之火，似水上之漚，未聞道者急求師，已聞道者急求藥，又能廣參博採，信受奉行，求先天之大藥，尋出世之丹方，忙忙下手速修，唯恐時不待人。夫道者，豈是旁門小技，乃至人口傳心授，金液還丹之妙道也。非定息二乘之法，乃最上一乘之道，以有為入無為，以外藥修內藥，以己而求彼，以陰而配陽，以鉛而投汞，以炁而合神。無為者，非防危守城之方，溫養沐浴之事，乃得丹之後，脫胎神化之功也。有為者，非採戰提吸之術，九一動搖之法，乃安靜虛無之道，守雌不雄，寂然不動，感而遂通，此即未得丹之前，煉己築基之事也。

有為無為，體用之始終，已見於此，內藥外藥，出處之法相，又詳於彼。外藥者在造化窟中而生，內藥者，在自己身中而產。內藥是精，外藥是炁，內藥養性，外藥立命，性命雙修，方合神仙之道。大修行人，欲求先天外藥，必煉己以待陽生，用神炁煉成慧劍，採金水勻配柔剛。古人採藥進火，全憑此物，除七情之患，去五賊之害。若無煉己以去賊之患害，則不能常應常靜，魂魄焉能受制？情慾豈不相干？若要入室施功，臨爐下手，則外火雖動，而內符不應，只因剛柔未配，以此慧劍無鋒，群魔為害，心神不寧，欲念雜起，故乃逐境飄流，致使汞火飛揚，聖胎不結。如使煉己純熟，則心無雜念，體若太虛，一塵不染，萬慮皆空。心死則神活，體虛則氣運，方許求一陽之道，二候之功。還丹容易，煉己最難，憑慧劍剖破鴻濛，舒匠手鑿開混沌，卻用陰陽顛倒之

法，水火既濟之道，乃行地天交泰，使陽居下，火必照上，令陰在上，水能潤下。只要苦行忍辱，身心不動，己之性若往，彼之氣自回。人能如此，便得守雌不雄，寂然不動，感而遂通之效也。

太極將判之間，靜以極而未至於動，陽初復而未離乎陰。候此真先天炁降，以法追攝，送入黃庭之中。日運己汞，包固周密，汞氣漸多，鉛氣漸散，合丹於鼎，又須調停真息，周流六虛，至聲寂而意合，乃氣勻而脈住，丹始凝結。只待聖胎氣足，十月功圓，脫胎神化，降生嬰兒，調之純熟，出入縱橫，往來無礙，不被群魔引誘。只待九轉功成，面壁之時，煉精則化炁，煉神則化虛，形神俱妙，與道合真，此大丈夫功成名遂之時也。是道，古人不傳於世，蓋緣愚人信之不篤，行之不勤，而且反生誹謗，是以秘而不傳。予自得遇至人以來，述此修身秘要，以警覺後學同志者，各自黽勉共陟仙都。

安樂延年法

玉書曰：大道無形，視聽不可以見聞。大道無名，度數不可以籌算。資道生形，因形立名，名之大者，天地也。天得乾道而積氣以覆於下，地得坤道而托質以載於上。覆載之間，上下相去八萬四千里，氣質不能相交。天以乾索坤而還於地中，其陽負陰而上升；地以坤索乾而還於天中，其陰抱陽而下降。一升一降，運於道，所以天地長久。

真源曰：天地之間，親乎上者為陽，自上而下，四萬二千里，乃曰陽位；親乎下者為陰，自下而上，四萬二千里，乃曰陰位。既有形名，難逃度數。且一歲者，四時八節、二十四氣、七十二候、三百六十日、四千三百二十辰。十二辰為一日，五日為一候，三候為一氣，三氣為一節，二節為一時，四時為一歲。一歲以冬至節為始。是時也，地中陽升，凡一氣十五日，上升七千里。三氣為一節，一節四十五日，陽升共二萬一千里。二節為一時，一時九十日，陽升共四萬二千里，正到天地之中，而陽合陰位。是時陰中陽半，其氣為溫，而時當春分之節也。過此陽升而入陽位，方曰得氣而升，亦如前四十五日立夏。立夏之後，四十五日夏至，夏至之節陽升，通前計八萬四千里，以到天，乃陽中有陽，其氣熱，積陽生陰，一陰生於二陽之中，自夏至之節為始。是時也，天中陰降，凡一氣十五日下降七千里，三氣為一節，一節四十五日，陰降共二萬一千里。二節為一時，一時九十日，陰降共四萬二千里，以到天地之中，而陰交陽位。是時陽中陰半，其氣為涼，而時當秋分之節也。過此陰降而入陰位，方曰得氣而降，亦如前四十五日立冬。立冬之後四十五日冬至，冬至之節，陰降，通前計八萬四千里以到地，乃陰中首陰，其氣寒，積陰生陽，一陽生於二陰之中。自冬至之後，一陽復升，如前運行不已，週而復始，不失於道。冬至陽生，上升而還天；夏至陰生，下降而還地。夏至陽升，到天而一陰來；冬至陰降，到地而一陽來，故曰「夏至冬至」。陽升於上，過春分而入陽位以離陰位，陰降於下，過秋分而入陰位以離陽位，故曰「春分秋分」。凡冬至陽升之後，自上而下，非無陰降也。所降之陰，乃陽中之餘陰，止於陽位中消散而已。縱使下降得位，與陽升相遇，其氣絕矣。凡夏至陰降之後，自下而上，非無陽升也。所升之陽，乃陰中之餘陽，止於陰位中消散而已。縱使上升得位，與陰降相遇，其氣絕矣。陰陽升降上下，不出於八萬四千里，往來難逃於三百六十日，即溫涼寒熱之四氣。而識陰陽，即陽升陰降之八節，而知天地，以天機測之，庶達天道之緒餘。若以口耳之學，較量於天地之道，安得籌算而知之乎？

比喻曰：道生萬物，天地乃物中之大者，人為物中之靈者。人同天

地，以心比天，以腎比地，肝為陽位，肺為陰位。心腎相去八寸四分，其天地覆載之間比也。氣比陽而液比陰。子午之時比夏至冬至之節。卯酉之時，比春分秋分之節。以一日比一年，以一日用八卦時比八節。子時腎中氣生，卯時氣到肝，肝為陽，其氣旺，陽升以入陽位，春分之比也。午時氣到心，積氣生液，夏至陽升到天，而陰生之比也。午時心中液生，酉時液到肺，肺為陰，其液盛，陰降以入陰位，秋分之比也。子時液到腎，積液生氣，冬至陰降到地，而陽生之比也。週而復始，運行不已，日月循環，無損無虧，自可延年。

真訣曰：天地之道一，得之唯人也。受形於父母，形中生形，去道愈遠。自胎完氣足之後，六慾七情，耗散元陽，走失真炁，雖有自然之氣液相生，亦不得如天地之升降。且一呼元氣出，一吸元氣入，接天地之氣，既入不能留之，隨呼而復出，本宮之氣，反為天地奪之，是以氣散難生液，液少難生氣。當其氣旺之時，日用卯卦，而於氣也，多入少出，強留在腹，當時自下而升者不出，自外而入者暫住，二氣相合，積而生五臟之液，還元愈多，積日累功，見驗方止。道要曰：欲見陽公長子，須是多入少出，從他兒女相爭，過時注取真的。

金誥曰：所謂大道者，高而無上，引而仰觀，其上無上，莫見其首。所謂大道者，卑而無下，俛而俯察，其下無下，莫見其基。始而無先，莫見其前，終而無盡，莫見其後。大道之中，而生天地，天地有高下之儀。天地之中，而有陰陽，陰陽有始終之數。一上一下，仰觀俯察，可以測其機。一始一終，度數推算，可以得其理。以此推之，大道可知也。

真源曰：即天地上下之位，而知天地之高卑，即陰陽終始之期，而知天道之前後。天地不離於數，數終於一歲。陰陽不失其宜，宜分於八節。冬至一陽生，春分陰中陽半，過此純陽而陰盡。夏至陽太極而一陰生，秋分陽中陰半，過此純陰而陽盡。冬至陰太極而一陽生，升降如前，上下終始，雖不能全盡大道，而不失大道之體。欲識大道，當取法於天地，而審於陰陽之宜也。

比喻曰：以心腎比天地，以氣液比陰陽，以一日比一年，日用艮卦比一年，用立春之節，乾卦比一年，用立冬之節。天地之中，親乎下者為陰，自下而上四萬二千里，乃曰陰位，冬至陽生而上升，時當立春，陽升於陰位之中二萬一千里，是陽難勝於陰也；天地之中，親乎上者為陽，自上而下四萬二千里，乃曰陽位，夏至陰生而下降，時當立秋，陰降於陽位之中二萬一千里，是陰難勝於陽也。時當立夏，陽升而上離地六萬三千里，去天二萬一千里，是陽得位而陰絕也；時當立冬，陰降而下，離天六萬三千里，去地二萬一千里，是陰得位而陽絕也。一年之

中，立春比一日之時，艮（即丑、寅時）卦也，腎氣下傳膀胱，在液中微弱，乃陽氣難升之時也；一年之中，立冬比一日之時，乾（即戌、亥時）卦也，心液下入，將欲還元復入腎中，乃陰盛陽絕之時也，人唯陰陽不和，陽微陰多，故病多。

真訣曰：陽升立春，自下而上，不日而陰中陽半矣（艮卦丑、寅氣微）；陰降立冬，自上而下，不日而陽中陰半矣（乾卦戌、亥氣散）。天地之道如是，唯人也，當艮卦氣微，不知養氣之端，乾卦氣散，不知聚氣之理，日夕以六慾七情耗散元陽，使真氣不旺，走失真氣，使真液不生，所以不得如天地之長久。故古人朝屯暮蒙，日用二卦，乃得長生在世。朝屯者，蓋取一陽在下，屈而未伸之義；其在我者，養而伸之，勿使耗散。暮蒙者，蓋取童蒙求我，以就明棄暗，乃陰問求陽之義；其在我者，昧而明之，勿使走失。是以口出當用艮卦之時，以養元氣，勿以利名動其心，勿以好惡介其意。披衣靜坐，以養其氣，絕念忘情，微做導引，手腳遞互伸縮三五下，使四體之氣齊生，內保元氣上升，以朝於心府；或咽津一兩口，總摩頭面三二十次，呵出終夜壅聚惡濁之氣，久而色澤充美，肌膚光潤（艮卦養元氣）。又於口入當用乾卦之時，以聚元氣，入室靜坐，咽氣搐外腎。咽氣者是納心火於下，搐外腎者是收膀胱之氣於內（乾卦聚元氣），使上下相合腎氣之火，三火聚而為一，以補煖下田。無液則聚氣生液，有液則煉液生氣，名曰聚火，又曰太乙含真氣也。早朝咽津摩面，手足遞互伸縮，名曰散火，又名曰小煉形也。

道要曰：花殘葉落深秋，玉人懶上危樓，欲得君民和會，當時宴罷頻收。

金誥曰：太元初判而有太始，太始之中而有太無，太無之中而有太虛，太虛之中而有太空，太空之中而有太質。太質者，天地清濁之質也，其質如卵，而玄黃之色，乃太空之中一物而已。陽升到天，太極而生陰，以窈冥抱陽而下降。陰降到地，太極而生陽，以恍惚負陰而上升。一升一降，陰降陽升，天地行道，萬物生成。

真源曰：天如覆盆，陽到難升；地如磐石，陰到難入。冬至而地中陽升，夏至到天，其陽太極而生陰。所以陰生者，以陽自陰中來，而起於地，恍恍惚惚，氣中有水其水無形；夏至到天，積氣成水，是曰陽太極而陰生也。夏至而天中陰降，冬至到地，其陰太極而陽生。所以陽生者，以陰自陽中來，而出於天，杳杳冥冥，水中有氣，其氣無形，冬至到地，積水生氣，是曰陰太極而陽生也。

比喻曰：以身外比太空，以心腎比天地，以氣液比陰陽，以子午比冬夏。子時乃曰坎卦，腎中氣生。午時乃曰離卦，心中液生。腎氣到

心，腎氣與心氣相合，而太極生液。所以生液者，以氣自腎中來，氣中有真水，其水無形，離卦到心，接著心氣，則太極而生液者如此。心液到腎，心液與腎水相合，而太極復生於氣，所以生氣者，以液自心中來，液中有真氣，其氣無形，坎卦到腎，接著腎水，則太極而生氣者如此。可比陽升陰降，至太極而相生，所生之陰陽，陽中藏水，陰中藏氣也。

真訣曰：腎中生氣，氣中有真水；心中生液，液中有真氣，真水真氣，乃真龍真虎也。陽到天而難升，太極生陰。陰到地而難入，太極生陽，天地之理如此，人不得比天地者，六慾七情，感物喪志，而耗散元陽，走失真氣。當離卦腎氣到心，神識內定，鼻息少入遲出，綿綿若存，而津滿口咽下，自然腎氣與心氣相合，太極生液。及坎卦心液到腎，接著腎水，自然心液與腎氣相合，太極生氣，以真氣戀液，真水戀

氣，液與真水本自相合，故液中有真氣，氣中有真水，互相交合，相戀而下，名曰交媾龍虎。若火候無差，抽添合宜，三百日養就真胎，而成大藥乃煉質焚身，朝元超脫之本也。

道要曰：一氣初回元運，真陽欲到離宮，捉取真龍真虎，玉池春水溶溶。

金誥曰：天地者，大道之形，陰陽者，大道之氣。寒濕熱涼，形中有氣也；雲霧雨露，露氣中有象也。地氣上升，騰而為雲，散而為雨；天氣下降，散而為霧，凝而為露。積陰過則露為雨為霜為雪，積陽過則霧為煙為雲為霞。陰中伏陽，陽氣不升，擊搏而生雷霆；陽中伏陰，陰氣不降，凝固而生雹霰。陰陽不合，相對而生閃電；陰陽不匹配，亂交而生虹霓。積真陽以成神，而麗乎天者星辰；積真陰以成形，而壯乎地者土石。星辰之大者日月，土石之貴者金玉。陰陽見於有形，上之日

月，下之金玉也。

真源曰：陰不得陽不生，陽不得陰不成。積陽而神麗乎天而大者，日月也，日月乃真陽而得真陰以相成也。積陰而形壯於地而貴者，金玉也，金玉乃真陰而得真陽以相生也。

比喻曰：真陽比心液中真氣，真陰比腎氣中真水，真水不得真氣不生，真氣不得真水不成。真水真氣比於離卦和合於心上肺下，如子母之相戀，夫婦之相愛。自離至兌，兌卦陰旺陽弱之時，比日月之下弦，金玉之在晦，不可用也。日月以陰成陽，數足生明；金玉以陽生陰，氣足生寶。金玉成寶者，蓋以氣足而進之以陽；日月生明者，蓋以數足而受之以魂，比於乾卦進火，煉陽無衰，火以加數，而陽長生也。

真訣曰：離卦龍虎交媾，名曰採藥。時到乾卦，氣液將欲還元，而生膀胱之上，脾胃之下，腎之前，臍之後，肝之左，肺之右，小腸之

右，大陽之左。當時脾氣旺而肺氣盛，心氣絕而肝氣弱，氣真本以陽氣相合而來，陽氣既弱而真氣無所戀，徒勞用工。而採合必於此時，神識內守，鼻息綿綿，以肚腹微脅，臍腎覺熱太甚，微放輕勒。腹臍未熱，緊勒。漸熱，即守常，任意放志，以滿乾坤，乃曰勒陽關而煉丹藥，使氣不上行，以固真水，經脾宮，隨呼吸而搬運於命府黃庭之中。氣液造化，時變而為精，精變而為珠，珠變而為汞，汞變而為砂，砂變而為金，乃曰金丹，其功不小矣。

道要曰：採藥須憑玉兔（採藥心氣，玉兔腎水），成親必藉黃婆，等到雍州相見（雍州乾卦），奏傳一曲陽歌。

長生不死法

金誥曰：陰陽升降，不出天地之內，日月運轉，而在天地之外。東

西出沒，以分晝夜；南北往來，以定寒暑。晝夜不息，寒暑相推，積日為月，積月為歲。月之積日者，以其魄中藏魂、魂中藏魄也；歲之積月者，以其律中起呂、呂中起律也。日月運行，以合天地之機，不離乾坤之數。萬物生成雖在於陰陽，而造化亦資於日月。

真源曰：天地之形，其狀如卵，六合之內，其圓如球。日月出沒，運行於一天之上，一地之下，上下東西，周行如飛輪。東生西沒，日行陽道；西生東沒，月行陰道，一日之間，而分晝夜。冬至之後，日出自南而北。夏至之後，日出自北而南。冬之夜乃夏之日，夏之夜乃冬之日，一年之間，而定寒暑。日月之狀，方圓八百四十里，四尺為一步，三百六十步為一里。凡八刻二十分為一時，十二時為一日，一月三十日，共三百六十時，計三千刻，一十八萬分也。且以陽行乾，其數用九，以陰行坤，其數用六。魄中魂生，本自旦日，蓋九不對六，故三日

後魄中生魂。凡一晝夜，一百刻六十分，魂於魄中一進七十里，六晝夜進四百二十里，而魄中魂半，乃曰上弦，又六晝夜，進四百二十里，通前共進八百四十里。而魄中魂全，陽滿陰位，乃曰月望。自十六日為始，魂中生魄，凡一晝夜，一百刻六十分，魄於魂中一進七十里，六晝夜共進四百二十里，而魂中魄半，乃曰下弦。又六晝夜，進四百二十里，通前共進八百四十里，而魂中魄全，陰滿陽位，月中尚有餘光者，蓋六不盡九，故三日後，月魄滿宮，乃曰月晦。月旦之後，六中起九，月晦之前，九中起六，數有未盡，而生後有期，積日為月，積月為歲。以月言之，六律六日，以六起數，數盡六位，六六三十六，陰之成數也。以日言之，五日一候，七十二候，八九之數，至重九以九起數，數盡六位，六九五十四，陽之成數也。一六一九合而十五，十五，一氣之數也，二十四氣，當八節之用，而見陰陽升降之宜。一六一九，以四為用，合四時而倍之，一時得九十，四九三百六，變為陽之數二百一十六，陰之數一百四十四，計三百六十數，而足滿周天。

比喻曰：陰陽升降在天地之內，比心腎氣液交合之法也。日月運轉在天地之外，比肘後飛金晶之事也。日月交合，比進火加減之法也。陽升陰降，無異於日月之魂魄，日往月來，無異於心腎之氣液。冬至之後，日出乙位，沒庚位，晝四十刻，自南而北，凡九日東生西沒，共進六十分，至春分晝夜停，停而夏至為期，晝六十刻。夏至之後，日出甲位，沒辛位，晝六十刻，自北而南，凡九日東生西沒，共退六十分，至秋分晝夜停，停而冬至為期，晝四十刻。晝夜分刻，準前後進退，自南自北，月旦之後，三日魂生於魄，六日兩停，又六日魂全，其數用九也。月望之後，魄生於魂，六日兩停，又六日魄全，其數用六也。歲之夏至，月之十六日，乃日用離卦之法，人之午時也。歲之冬至，月之旦日，乃日用坎卦之法，人之子時也。天地陰陽升降之宜，日月魂魄往來之理，尚以數推之，交合有序，運轉無差，人之心腎氣液、肝肺魂魄，日用雖有節次，年月豈無加減乎？

真訣曰：坎卦陽生，當正子時，非始非終，艮卦腎氣交肝氣。未交之前，靜室中披衣握固，正坐盤膝，蹲下腹肚，須臾升身，前出胸而微偃頭於後，後閉夾脊雙關，肘後微扇一二，伸腰，自尾閭穴如火相似，自腰而起，擁在夾脊，慎勿開關，即時甚熱氣壯，漸次開夾脊關，放氣過關，仍伸面腦後緊偃，以閉上關，慎勿開之，即覺熱極氣壯，漸次開關入頂，以補泥丸髓海，須身耐寒暑，方為長生之基。次用還丹之法，如前出胸伸腰，閉夾脊，蹲而伸之，腰間久不起，當靜坐內觀，如法再做，以火起為度，自丑行之，至寅終而可止，乃曰肘後飛金晶，又曰抽鉛，使腎中氣生肝氣也。且人身脊骨二十四節，自下而上三節，與內腎相對，自上而下三節，名曰天柱。天柱之上，名曰玉京，天柱之下，內腎相對，尾閭穴之上，共十八節，其中曰雙關，上九下九，當定一百日，遍通十八節而入泥丸，必於正一陽時，坎卦行持，乃曰肘後飛金晶。離卦採藥，乾卦進火燒藥，勒陽關，始一百日飛金晶入腦。三關一撞，直入上宮泥丸，自坎卦為始，至艮卦方止。自離卦採藥，使心腎氣相合，而肝氣自生心氣，二氣純陽，二八陰消，薰蒸於肺，而得肺液下降也。含真氣曰得黍米之心而入黃庭，方曰內丹之材，即百日無差，藥力全。凡離卦採藥用法，依時內觀，轉加精細。若乾卦進火燒藥，勒陽關，自兌卦為始，終在乾卦，如此又一百日，以肘後飛金晶，自兌卦至震卦方止。離坎採藥之時，法如舊以配，自坤至乾卦行持，即二百日無差聖胎堅。勒陽關法，自坤卦至乾卦方止，如此又一百日足，泥丸充實，返老還童，不類常人。採藥就胎仙完，而真氣生，形若彈圓，色同朱橘，永鎮丹田，而做陸地神仙。三百日後行持，至離卦罷採藥，坤卦罷勒陽關，即行玉液還丹之道，故自冬至後，方曰行功，三百日胎完氣足，而內丹就，真氣生。凡行此法，方為五行顛倒，三田返覆。未行功以前，先要匹配陰陽，使氣液相生，見驗方止。次要聚散水火，使根源牢固，而氣行液住，見驗方止。次要交媾龍虎，燒煉丹藥，使採補還丹，而煅煉鉛汞，見驗方止。十損一補之數足，而氣液相生，見驗方止。上頂行持，乃小乘之法，自可延年益壽。若以補完堅固，見驗方止，方可年中擇月；冬至之節，月中擇日；甲子之日，日中擇時，坎、離、乾卦，三時為始，一百日自坎至艮，自兌至乾；二百日後自坎至震，自坤至乾。凡此下功，必於幽室靜宅之中，遠婦人女子，使雞犬不聞聲，臭穢不入鼻，五味不入口，絕七情六慾，飲食多少，寒熱有度，雖寤寐之間，而意恐損失。行功不勤，難成乎道。如是三百日，看應驗

如何。

玉書曰：真陰真陽，相生相成。見於上者，積陽成神，神中有形，而麗乎天者，日月也；見於下者，積陰成形，形中有形，而麗乎地者，金玉也。金玉之質，隱於山川秀媚之氣，浮之於上，與日月交光，草木受之以為禎祥，鳥獸得之以為異類。

真源曰：陽升到天，太極生陰，陰不足而陽有餘，所以積陽生神；陰降到地，太極生陽，陽不足而陰有餘，所以積陰生形。上之日月，下之金玉，真陽有神，真陰有形，其氣相交，而上下相射，光盈天地，則金玉可貴者，良以此也。是知金玉之氣凝於空，則為瑞氣祥煙，入於地，則變醴泉芝草。人民受之而為英傑，鳥獸得之而生奇異。蓋金玉之質，雖產積陰之形，而中抱真陽之氣，又感積陽成神之日月，真陽之下射而寶凝矣。

比喻曰：積陰成形，而內抱真陽，以為金玉，比於積藥，而抱真氣，以為胎仙也。金玉之氣入於地，而為醴泉芝草者，比於玉液還丹田也。金玉之氣凝於空，而為瑞氣祥煙者，比於氣煉形質也。凡金玉之氣沖於天，隨陽升而起，凡金玉之氣入於地，隨陰降而還。既隨陰陽升降，自有四時，可以液還丹田，氣煉形質，比於四時加減，一日改移也。

真訣曰：採補見驗，年中擇月，月中擇日，日中擇時，三時用事，一百日藥力全，二百日聖胎堅，三百日真氣生，胎仙圓。謹節用功，加添依時，三百日數足之後，方行還丹煉形之法。凡用艮卦飛金晶入腦，止於巽卦而已，此言飛金晶三百日後也。離卦罷採藥，坤卦罷勒陽關，只此兌卦下手勒陽關，至乾卦方止。既罷離卦，添入咽法煉形。咽法者，以舌攪上齶兩頰之間，先咽了惡濁之津，次退舌尖以滿玉池，津生不漱而咽。凡春三月，肝氣旺而脾氣弱，咽法日用離卦；凡夏三月，心氣旺而肺氣弱，咽法日用巽卦；凡秋三月，肺氣旺而肝氣弱，咽法日用艮卦；凡冬三月，腎氣旺而心氣弱，咽法日用震卦（飛金晶法咽亦不妨）。凡四季之月，脾氣旺而腎氣弱，人以腎氣為根源，四時皆有衰弱，每四時季月之後十八日，咽法日用兌卦，仍與前咽法並用之。獨於秋季，止用兌卦咽法，而罷艮卦之功。以上咽法，先依前法而咽之，如牙齒玉池之間，而津不生，但以舌滿上下而閉玉池，收兩頰，以虛咽而為法，止於咽氣，氣中自有水也。咽氣如一年（三十六次至四十九次），為數又次一年（八十一次），又次一年（一百八十一次）為見驗，乃玉液還丹之法。行持不過三年灌溉丹田，沐浴胎仙，而真氣愈盛。若行此玉液還丹之法，而於三百日養就內丹，真氣才生，艮卦飛金晶，一撞三關，上至泥丸，當行金液還丹之法，自頂中前下金水一注，

下還黃庭，變成金丹，名曰金丹。行金液還丹，當於深密幽房，風日凡人不到之處，燒香疊掌，盤膝坐，以體蹲而後升，才覺火起，正坐絕念，忘情內觀，的確艮卦飛金晶入頂，但略昂頭偃項，放令頸下如火，方點頭向前，低頭屈項，退舌尖進後以抵上齶，上有清冷之水，味若甘香，上徹頂門，下通百脈，鼻中自聞一種真香，舌上亦有奇味。不嗽而咽，下還黃庭，名曰金液還丹。春夏秋冬，不拘時候，但於飛金晶入腦之後，節次行此法，自艮至巽而已。晚間勒陽關法，自兌至乾而已。凡行此法，謹節勝前，方可得成，究竟止於煉形住世，長生不死而已，不能超脫也。

金誥曰：積陽成神神中有形，形生於日，日生於月；積陰為形，形中有神，神生於金，金生於土，隨陰陽而生沒者，日月之光也，因數生光，數本於乾坤；隨陰陽而生降者，金玉之氣也，因時起氣，時本於天

地。

真源曰：日月之光，旦後用九，晦前用六，六九乾坤之數；金玉之氣，春夏上升，秋冬下降，升降天地之時。金生於土，玉生於石，石生於土，見於形而在下者如此；日中金烏，月中玉兔，月待日魂而光，見於神而在上者如此。

比喻曰：日月比氣也，腎氣比月，而心氣比日。金玉比液也，腎液比金，而心液比玉。所謂玉液者，本自腎氣上升而到於心，以合心氣，二氣相交，而過重樓，開口不出，而津滿玉池，咽之而曰玉液還丹，升之而曰玉液煉形。是液本自腎中來，而生於心，亦比土中生石，石中生玉之說也。所謂金液者，腎氣合心氣而不上升薰蒸於肺。肺為華蓋，下罩二氣，即日而取，肺液在下田，自尾閭穴升上，乃曰飛金晶入腦中，從補泥丸之宮。自上復下降而入下田，乃曰金液還丹。既還下田復升，遍滿四體，前復上升，乃曰金液煉形，是亦金生於土之說也。凡欲煉形飛金晶者，當在靜室中，切禁風日，遙焚香，宓啟三清上聖：「臣所願長生在世，傳行大道，演化告人。當先自行煉形之法，欲得不畏寒暑，絕啖穀食，逃於陰陽之外。」咒畢乃咽之。

真訣曰：背後尾閭穴曰下關，夾脊曰中關，腦後曰上關。始飛金晶以通三關，腎比地，心比天，上到頂以比九天。玉液煉形，自心至頂以通九天。三百日大藥就，胎仙圓，而真氣生，前起則行玉液煉形之舊道，後起則行飛金晶之舊道，金晶玉液，行功見驗，自坎卦為始，後起一升入頂，以雙手微閉雙耳，內觀如法，微咽於津，乃以舌抵定牙關，下閉玉池，以待上齶之津下而方咽，咽畢復起，至艮卦為期。春冬兩起一咽，秋夏五起一咽，凡一咽數，秋夏不過五十數，春冬不過百數。自後咽罷升身前起，以滿頭面，四肢五指氣盛方止。再起再升，至離卦為

期。凡此後起咽津，乃曰金液還丹。還丹之後，而復前起，乃曰金液煉形。自艮卦之後，煉形至離卦方止，兌卦勒陽關，至乾卦方止，以後起到頂，自上而下，號曰金液還丹，金丹之氣前起，自下而上曰金液煉形，形顯琪樹金花。若以金液還丹，未到下元而前後俱起，乃曰火起焚身，此是金液還丹煉形，既前後俱起，兼了焚身。凡行此等，切須謹節苦志，而無懈怠，以見驗為度也。

道要曰：起後終霄閉耳，隨時對飲金波，宴到青州方住，日西又聽陽歌。

超凡入聖法

金誥曰：一氣初判，大道有形而列二儀，二儀定位，大道有名，而分五帝。五帝異地，各守一方，五方異氣，各守一子。青帝之子，甲乙

受之，天真木德之九炁；赤帝之子，丙丁受之，天真火德之三炁；白帝之子，庚辛受之，天真金德之七炁；黑帝之子，壬癸受之，天真水德之五炁；黃帝之子，戊己受之，天真土德之一炁。自一炁生真一，真一因土出，故萬物生成在土，五行生成在一。真元之道，皆一炁而生也。玉書曰：一三五七九，道之分而有數；金木水火土，道之變而有象；東西南北中，道之列而有位；青白赤黃黑，道之散而於質。數歸於無數，象反於無象；位至於無位，質還於無質。欲道之無數，不分之則無數矣；欲道之無象，不變之則無象矣；欲道之無位，不列之則無位矣；欲道之無質，不散之則無質矣。無數，道之源也；無象，道之本也，無位，道之真也；無質，道之妙也。

真源曰：道源既判，降本流末。悟其真者，因真修真，內真而外真自應矣；識其妙者，因妙造妙，內妙而外妙自應矣。天地得道之真，其

真未應，故未免乎有位；天地得道之妙，其妙未應，故未免乎有質。有質則有象可求，有位則有數可推。天地之間，萬物之內，最貴唯人，即天地之有象可求，故知其質氣與水也，即天地之有數可推，故知其位遠與近也，審乎如是，而道亦不遠於人也。

比喻曰：天地有五帝，比人之有五臟也。青帝甲乙木，甲為陽，乙為陰，比肝之氣與液也；黑帝壬癸水，壬為陽，癸為陰，比腎之氣與液也；黃帝戊己土，戊為陽，己為陰，比脾之氣與液也；赤帝丙丁火，丙為陽，丁為陰，比心之氣與液也；白帝庚辛金，庚為陽，辛為陰，比肺之氣與液也。凡春夏秋冬之時不同，而心肺肝腎之旺有。

月真訣曰：凡春三月肝氣旺，肝旺者，以父母真氣，隨天度運而在肝，若遇木日，甲乙剋土，於辰戌丑未之時，依時起火煉脾氣，餘日兌卦時，損金以耗肺氣，是時不可下功也。坎卦時依法起火煉腎氣，震卦時入室，多入少出，息住為上，久閉次之，數至一千息為度。當時內觀如法，一任冥心閉目，青色自見，漸漸升身以入泥丸，自寅至辰，以滿震卦（一千息以上尤佳以息，息漸微為度，如息住不須連數）。凡夏三月心氣旺，心旺者，以父母真氣，隨天度運而在心，若遇火日，丙丁剋金，於兌卦時，依法起火煉肺氣，餘日無卦時，損水以耗腎氣，是時不可下功也。震卦時，依法起火煉肝氣，離卦時入室，依前行持，赤色自見，漸漸升身以入泥丸，自巳至未，以滿離卦（一千息以上尤佳，其說如前）。凡秋三月肺氣旺，肺旺者，以父母真氣，隨天度運而在肺，若遇金日，庚辛剋木，於震卦時依法起火煉肝氣，餘日離卦時，損火以耗心氣，是時不可下功也。巽卦時，依法起火煉脾氣，兌卦時入室，依前行持，白色自見，漸漸升身以入泥丸，自申至戌，以滿兌卦。凡冬三月腎氣旺，腎旺者，以父母真氣隨天度運而在腎，若遇水日，壬癸剋火於離卦時，依法起火煉心氣，餘日辰戌丑未時，損土以耗脾氣，是時不可下功也。兌卦時依法起火煉肺氣，坎卦時入室，依前行持，黑色自見，漸漸升身以入泥丸，自亥至丑，以滿坎卦。

道要曰：凡行此法，不限年月日時，一依前法，以至見驗方止，其氣自見，須是謹節不倦，棄絕外事，止於室中用意，測其時候。用二個純陽小子，或結交門生，交翻往復，供過千日，可了一氣。一以奪一，一百日見功，五百日氣全，可行內觀，然後聚陽神以入天神，煉神合道，入聖超凡。煉氣之驗，但覺身體極暢，常仰升騰，丹光透骨，異香滿室；次靜中外觀，紫霞滿目，頂中下視，金光罩體，奇怪證驗，不可備紀。

金誥曰：大道本無體，寓於氣也，其大無外，無物可容；大道本無用，運於物也，其深莫測，無理可究。以體言道，道始有外內之辨；以

用言道，道始有觀見之基。觀乎內而不觀乎外，外無不究而內得明矣。觀乎神而不觀乎形，形無不備而神得見矣。

真源曰：以一心觀萬物，萬物不謂之有餘；以萬物撓一氣，一氣不謂之不足。一氣歸一心，心不可為物之所奪；一心運一氣，氣不可為法之所役。心源清澈，一照萬破，亦不知有物也；氣戰剛強，萬感一息，亦不知有法也。物物無物，以還本來之象；法法無法，乃全自得之真。

比喻曰：以像生形，因形立名。有名則推其數，有數則得其理。蓋高上虛無，無物可喻，所可比者，如人之修煉，節序無差，成就有次，沖和之氣，凝而不散，至虛真性，恬淡無為，神合乎道，歸於自然。當此之際，以無心為心，如何謂之應物以無物為物？如何謂之用法？真樂熙熙，不知己之有身，漸入無為之道，以入希夷之域，斯為入聖超凡之容。

真訣曰：此法合道，有如常說存想之理，又如禪僧入定之時，當擇福地置室，跪禮焚香，正坐盤膝，散髮披衣，握固存神，冥心閉目。午時前微微升身，起火煉炁，午時後微微斂身，聚火煉丹，不拘晝夜，神清氣合，自然喜悅。坐中或聞聲莫聽，見境勿認，物境自散，若認物境，轉加魔障。魔障不退，急急向前，以身微斂，斂而伸腰，後以胸微偃，偃不伸腰，少待前後，火起高升，其身勿動，名曰焚身，火退魔障自散於軀外，陰邪不入於殼中。如此三兩次已，當想遍天地之間，皆是炎炎之火，火畢清涼，了無一物，但見車馬歌舞，軒蓋綺羅，富貴繁華，人物歡娛，成隊成行，五色雲升，如登天界。及到彼中，又見樓臺聳翠，院宇徘徊，珍珠金玉，滿地不收，花果池亭，莫知其數。須臾異香四起，妓樂之音，嘈嘈雜雜，賓朋滿座，水陸俱陳，且笑且語，共賀太平，珍玩之物，互相獻受。當此之際，雖然不是陰鬼魔障，亦不得認

為好事。蓋修真之人，棄絕外事，甘受寂寞，或潛跡江湖之地，或遁身隱僻之隅，絕念忘情，舉動有戒，久受劬勞，而歷瀟灑。一旦功成法立，遍見如此繁華，又不謂是陰魔，將謂實到天宮，殊不知脫凡胎，在頂中自己天宮之內，因而貪戀，認為實境，不用超脫之法，止於身中，陽神不出，而胎仙不化，乃日出昏衢之上，為陸地神仙，僅可長生不死而已，不能脫質升仙，而歸三島，以做仙子，到此可惜！學人自當慮超脫雖難，不可不行也。

道要曰：不無盡法，已減省故也。

金誥曰：道本無也，以有言者，非道也；道本虛也，以實言者，非道也。既為無體，則問應俱不能矣；既為無象，則視聽俱不能矣。以玄微為道，玄微亦不離問答之累；以希夷為道，希夷亦未免視聽之累。希夷玄微尚未為道，則道亦不知其所以然也。

玉書曰：其來有始，而不知大道之始，何也？其去有盡，而不知大道之終，何也？高高之上雖有上，而不知大道之上，無有窮也；深深之下雖有下，而不知大道之下，無有極也。杳杳莫測，名道隨物所得而列等殊，無為之道，莫能窮究也。

真訣曰：超者，超出凡軀，而入聖品；脫者，脫去俗胎，而為仙子。是神入氣胎，氣全真性，須是前功節節見驗正當，方居清靜之室，以入希夷之境，內觀認陽神，次起火降魔，焚身聚氣，真氣升在天宮，殼中清靜，了無一物。當擇幽居，一依內觀，三禮既畢，平身不須高升，正坐不須斂伸，閉目冥心，靜寂朝元之後，身軀如在空中，神氣飄然，難為制御，默然內觀，明明不寐，山川秀麗，樓閣依稀，紫氣紅光，紛紜為陣，祥鸞彩鳳，言語如簧，異景繁華，可謂壺中真趣，而洞天別景，逍遙自在，宜然不知有塵世之累，是真空之際，其氣自轉，不須用法。依時若見青氣出東方，笙簧嘹亮，旌節車馬，左右前後，不知多少。須與南方赤氣出，西方白氣出，北方黑氣出，中央黃氣出，五氣結聚而為彩雲，樂聲嘈雜，喜氣熙熙，金童玉女，扶擁自身，或跨火龍，或乘玄鶴，或跨彩鸞，或騎猛虎，升騰空中，自下而上。所遇之處，樓臺觀宇，不能盡陳，神祇官吏，不可備說。又到一處，女樂萬行，官僚班列，如人間帝王之儀，聖賢畢至。當此之時，見之旁若無人，乘駕上升，以至一門，兵衛嚴肅，而不可犯，左右前後，官僚女樂，留戀不已，終是過門不得，軒蓋覆面，自上而下，復入舊居之地。如此上下，不厭其數，是調神出殼之法也。積日純熟，一升而到天宮，一降而還舊處，上下純無滯礙，乃自下而上，或如登七級寶塔，或如上三層瓊樓，其始也，一級而復一級，七級上盡，以至頂中，輒不得下視，恐神驚而戀軀不出，既至七級之上，則閉目便跳，如寐如寤，身外有身，形如嬰兒，肌膚鮮潔，神采瑩然，回視故軀，亦不見有，所見之者，乃如糞堆，又如枯木，憎愧萬端，輒不可頓棄而遠遊。蓋其神出未熟，聖氣凝結而成，須是再入本軀，往來出入，一任遨遊，始乎一步二步，次二里三里，積日純熟，乃如壯士展臂，可千里萬里，而形神壯大，勇氣堅固。然後寄凡骸於名山大川之中，從往來應世之外，不與俗類等倫。或行滿而受天書，驂鸞乘鳳，跨虎騎龍，自東自西，以入紫府，先見太微真君，次居下島，欲升洞天，當傳道積行於人間，受天書而升洞天，以為天仙。凡行此法，古今少有成者，蓋以功不備而欲行之速，便為此道，或功驗未證，止事靜坐，欲求超脫；或陰靈不散，出而鬼仙，人不見形，來往去住，終無所歸，止於投胎就舍，而奪人軀殼，復得為人；或出入不熟，往來無法，一去一來，無由再入本軀，神魂不知所在，乃釋子之坐化，道流之屍解也。故行此道，要在前功見驗正當，仍擇地築室，以遠一切腥穢之物、臭惡之氣、往來之聲、女子之色，不止於觸其直氣，而神亦厭之。既出而復入，入而不出，則形神俱妙，與天地齊年，而浩劫不死。既入而復出，出而不入，如蟬脫蛻，遷神入聖，此乃超凡脫俗，以為真人仙子，而在風塵之外，寄居三島之洲者也。

道要曰：不無盡法已滅息矣。

歸源論

三教鼎立，如一屋三門，中無少異。儒立人，極孝弟之道，報本反始，正心誠意，道德之源，此範圍形體之道，入世之法也。仙佛在聲臭之表、形氣之先，出世之法也。出世必基於入世，欲求出世之功，先講入世之道，儒其大宗矣。今之道人傍教門以求衣食，其陋者只知領法

派，帶徒弟，興旺廟宇。稍異者，讀清靜經，行清靜法，棲巖住壑，友寒猿，伴凍鶴，木石草衣，守死一生，何其愚也。道流無知，俗人無目，但聞某人入山幾載，某人打坐幾年，便謂有道。彼豈知同類得朋，人須人度之事乎？離去家中，背卻倫常，陰寡陽孤，便成乖舛，與道背矣！須知至道在人類中而有，在氣血中而求。上陽子曰：「三教聖人，非同類不為功」，此其奇也。

天地之大德曰「生」，道者生之德也。生之德，陽氣也。有一分陰不仙，有一分陽不死，陰陽妙用在於生殺。生殺為消長之機，復姤為起止之處。復見天地之心，姤有履霜之懼。否泰者，順逆也。地天曰泰，天地曰否。止而悅，男下女，故不曰陽陰而曰陰陽；不曰始終而曰終始。始終是盡，終始無窮，造化深機，在於順逆而已。順生人物，逆成仙佛，共此一機，唯逆不易知耳。虛無生妙有，事至乎常。昔別君未

婚，兒女忽成行，從前是無，忽然而有。無是有之根，有是無之始，天下萬事萬物，何一非自無而有、自有而無？自無而有曰「造」，自有而無曰「化」，生生不已，化化無窮，自一世界至千萬世界，無有不同。開闢以來，天地定位，日月中旋，煦嫗萬物，至於今不二。

道者，其無極乎？無極而太極，無極在渾然之表，太極兆將動之萌。亥子中間，所謂「今年初盡處，明日未來時」。究其機，無出乎動靜。靜極而動，動極而靜，一動一靜，互為其根。分陰分陽，玄牝乃立，玄牝立而萬化滋彰矣。山澤通氣，呼吸回環，斗旋日運，無息停留。太極在天地，空談其理；太極在人身，實行其用。

其用云何？「活子」是也。天地根，萬物母，真元始，真太極也。太極即道，道即藥，藥即丹，丹即一。《契》曰：「一者以掩閉，世人莫知之。」《悟真》曰：「三五一都三個字，古今明者實然希。」曰世人莫知，曰古今莫曉，其難遇難窺，如此其重且大也！迷徒學道，妄卻心思，迷卻耳目，以盲引盲，迷迷相指，直至老死，不知悔悟，執其說如銅瀉鐵鑄。可憐此輩，非深孽重，無異戴盆，滔滔皆是，古今一轍，可為浩歎！吾為此悲，特著《試金石》一書，為志師之佐證。執此以辨真偽，如杲日當空，魍魎自遁，二十四問能迎刃而解，則《參同》、《悟真》徹矣。若一語模稜，便非真實，又以其言印之丹經，稍有不合，便非透底之學。蓋此事有一知，有半知，有全然不知。半知者，已為難得，又要問何以必通都大邑？何以必俗服了事？丹房如何置器皿？如何樣鼎？如何強弱選？如何合法換？如何度數？如何是火？如何是藥？如何是丹？一有支吾，非其人矣。彼無師授，妄意猜度，多記丹經，騰其口說，冠簪是飾，犬羊之鞹耳，亟宜遠之。

不因師指，此事難知，斯事最重師友，第一在尋真師，第二在覓良友。真師難遇，古今同歎，邪師妄人，遍地皆是，初學志士，此為第一件要緊大事也。此處一錯，走入歧途，則終身難見天日矣。道人千萬，盡是旁門，無有一是，《經》曰：「真訣必要真仙授，世人說者有誰真？」又曰：「道法三千六百門，人人各執一苗根，誰知真正互微訣，不在三千六百門。」蓋神機秘密，上天所寶，五濁凡流，一身罪垢，何由得遇？遇亦不聞，聞亦不信，信亦不切。何為不信？緣淺福薄，千般攔阻，不令其知。太上開清靜之門，接引後進，使之修靜養心，解除夙孽，不婚不官，脫其世網。數世之後，垢淨孽除，志念不差，始令獲遇真師，得聞至訣。再能精進不怠，德備性全，天愛人敬，可望行矣。行必法財具備，侶地周全，護衛嚴密，然後以清靜心，行無為法，剋日可成，甚易易也。但恐煉心不死，自投地獄，雖有神聖，無如之何。《經》曰：「君子得之固窮，小人得之輕命。」謂此也，可不慎哉！世人動言「修道」，曰修則是長遠之事，再世之因；當稱曰「煉」，便是現在世之事。凡我後學，立德立功之賢，但願人人成仙，個個作祖。精心切究我身未有之前，性在何處，命在何處，一太虛耳。賴父母媾精，托造化以成形，命斯立矣，性亦寄焉。性者，太虛無垠，一靈炯炯，無中之真有也；命者，先天至精，一氣氤氳，有中之真無也。神氣相交，有無互入。性命分，各言其體；性命合，始行其用。性無命不立，命無性不全，始以性而修命，終以命而全性。性命雙修，陰陽合一，五行全，四象備，奠三才，符二氣，龍虎交，鉛汞配，老嫩分，子午契，火候無差，功成頃刻，易莫易於此矣。雲水天涯，茫茫大地，誰是至人，難辨真偽，托耳於凡庸，罔不悖謬！余足跡半天下，聞見多矣。強不知以為知，虛裝道貌，或曰我是邱祖第幾派嫡嗣；或曰我得某真人秘傳口訣，誇耀求售，搖唇鼓舌，使耳食之夫，驚喜若狂，深中其毒，牢不可破，籲可歎也。難莫存於此矣！

天愛學道之人，《喝道真言》謂初立念時，便有神聖窺其心，若志願真切，神聖喜之不勝。仙之求人，甚於人之求仙，信矣！奈世人隨波逐浪，不肯苦志，雖曰學道，無異凡流，利慾薰心，種成惡孽。輪迴六道，去而復來，來而復去，為男為女，為孤貧，為物類，遇刀兵水火之災，受饑寒疾痛之苦，遭冤獄虎蛇之凶，皆在仙佛悲憫之中。自作自受，天何容心，必欲如是哉?佛言「有生皆是苦」，至哉言乎。今欲超登彼岸，脫離苦海，有何法術衍生續命，令枯骨重榮乎？城郭千年如故，不見化鶴歸來，抔土嶙峋，空悲往昔，有志之士，良可悲矣。

欲界民人心如亂絲，貪念、忿念、色欲念、貨財念、高己卑人念、妨人利己念，時刻無寧，造就惡孽，生世坎坷，輕重受報。神聖悲憐，憫其迷昧，救之不能，勸之不得，乃立一斂心之法，使之邀福求嗣，朝山拜廟，結香會，為壇壝，頂禮慈雲，誠敬朏虔，塵念頓息，污染不難，種彼福田矣。昔無一是，今暫不非，雖有惡人，齋戒沐浴，亦可以事上帝，其謂是乎？

仙經佛典，慈心救世，更為咒語，使誦者不解其辭，無意義可味，無文理可思，用以拔其孽識，截其知見，欲障除而心天現，真理出而萬念空，驅除雜念，洗心之妙法也。

佛云「真實稀有」，謂真有此秘密，難知稀有之事也；又曰「若說是事，諸天及人皆常驚疑。」上陽子曰：「人之驚疑，器識鄙淺。云何諸天亦復驚疑？則必有可驚可疑之事者。」世人偏不於「驚疑」二字究心，自信其耳目，謂入山是道，清靜是修，頑心淺識，亦惡知有聖神之奇事哉！

草木蘊一年之精，發而為華，因華乃實。然則地之海潮、女之月

信，無以異矣。木無不華之果，女無不血之胎，是血即人之華也。

果核亦具天地陰陽之象，左大右小，中含一仁，三才之理具矣。芽蘖萌生，根騎兩半，一樹萬千花實，入土而萬千其株，桃則成桃，李則成李，各從其類，各有其氣也。物理即天地之理，達人觀化，可悟玄機。孔子罕言仁，仁之道大。人也者，天地之仁也，合而言之道也。二人為仁，即陰陽也，鼎立才萬物皆備，不亦大乎。

輪倒退，車前趨，進退之理，消長之機，有成必毀，有盈必虧。任他奇巧萬變，有能不法天象地、外規矩方圓而製器成能者乎？夫道亦法天象地而已矣。

至道在人身，至理存天壤，理充於兩間，道隱於血氣。世人再不於形形色色中求玄妙，單要去虛無寂靜裡覓真玄，豈不聞人在氣中，氣在人中乎？鍾離祖曰：「道氣在人身中，不在天地。」然不遇真師，何從

而得此息。

哉生明，金也，金之色白；始生魄水也，水之色黑，非金水分形之顯驗乎。陽魂陰魄，互為室宅，上弦金半斤，下弦水半斤，兩弦合其精，乾坤體乃成。

大道無言，有說皆糟粕耳。蓋虛無莫測，有何形象之可述哉？惟彼羲皇畫此一畫，並無言說，蓋已剖露天心，太極之端倪見矣。然此特顯諸仁耳，其用尚藏。今之丹經，顯用者也。開明性命，指出心天，無為道之體，有作道之用，明體達用，真青雲之士也，世不多得矣。

善言天者，必驗於人；善言理者，必徵諸事。天道人道，原是一貫；倫紀肇修，立功立德，斯為凝受之本，不同於泛泛矣。曷觀之金鎖鑰乎？金鎖鑰者，金丹之鎖鑰也，乃於金丹發揮只結尾一句，於人道則娓娓二千言。又秦元君奉元皇帝君命著《坤寧經》教女人修仙，凡二十四章，其言金丹只一章，言性天者二章，餘皆言閨帷懿範、痛改前非。讀者不達根本修持，謂其不言道而言事，余曰：「千里之行，始於足下」，此真所以訓道也。天聖至慈，不肯以泛泛待人，深願從此進步。庶幾其成。真正必由之路，世人視為閑言。夫元皇授命，豈有閑言哉！覺世之言切，飾偽之心誣，宜乎其不入也。

非常之事，必待非常之人。仙者，非常之事也，欲求天仙者，當立一千三百善。聖有明訓，舊心不改，寸功未積，是自誤也。世間富貴，非薄福者可承，矧此超跡蒼霄之事，萬神聽命，不有豐功偉行，其何以服鬼神乎？《易》以天地似，故不違，魏公因之以明丹道，作《參同契》，為萬古丹經之祖。《悟真》曰：「陰苻寶字逾三百，道德靈文滿五千。今古上升無限數，盡從此處達真詮。」一貫相傳，再無不有達《參同》、《悟真》者。今之道流，冥行妄說，捫心自問，能無愧乎！

不肯尋師，所謂惜一時之屈，甘罔極之庸。只顧口舌欺人，不念欺心自誤，虛度歲月，甘分老死，上陽子深叱此輩為教中罪人，敢言修行一事哉！其辭若憾，其實深憐之也。

推類結字，形至粗淺，因文揣事，義極精微。古衜字是首行，今為首之首，下之順生之象也。仙經聖語言順而不言逆，教人即順以求逆，究生身之根，成長生之果。生仙是造化，生化亦是造化，聖凡雖殊，造化則一。《易》與天地准，故能彌綸天地之道。天地至精，形而為兩曜。兩曜橫則為朋，豎則為易，疊則為丹。丹之為字，日頭月腳，中一點為黍珠，一畫乃得一也。漢以前謂之道，漢以下謂之丹，丹之義至深切矣。合乾坤，運日月，採烏兔之真精，成水火之妙用。一闔一闢，往來不窮，通乎晝夜，法天象地，藥如是成，丹如是結矣。

世法象金丹者凡四：

一，大士象。左為龍女獻珠，右為善財合掌。女本陰也，而居左，陰中含陽也；男本陽而居右，陽中含陰也。凡珠在龍女身邊，非善財不可得。紅孩兒火也，金圈手足，禁之也，鞠躬致敬。以士居中，真性為主也。

二，劉海戲蟾。蟾者，海底金蟆，能吐月；錢者，內方外圓，有乾坤象，非則海底之金，必不可得。海蟾仙翁姓劉，名操，五代時為燕相，燕王劉守光之叔也。年六十餘受度於純陽呂祖，今繪形如小兒返老還童也。

三，方朔偷桃。西王母之桃，此桃三千年一開花，朔始也，一元也。桃為王母之丹、不死之藥也，被東方之朔盜去，北坎之金，復還南離而成乾矣。

四，道祖立教。一教分三，一為道人，岩棲觀虔清靜之基也；二為

道士，有妻室兒女之歡，陰陽之象也；三為張天師，勢而有力，護法之象也。三者離則俗士三人，三者合則金丹大道。

《抱朴子》曰：「覽金丹之道，使人不欲復視方書。」誠以九丹金液道之至重，神霄所秘，世無有能知者。又曰：「學道者如憂家之貧，如愁位之卑，安有不得哉？」今余亦曰：「不患不知，患不苦求；不患不行，患不積德。陰騭之士，天眷必深，舍此則求之無門，學人勉之。」

道生天地，其大無垠；道生人物，其數無極。古之神聖著經說法，以人身一小天地，天地一大宗師。澄其心如秋水，空其心如太虛，效法天地，非效法也，直似之耳。有乾坤之對待，有日月之光明。月有圓缺，海有潮汐，有冬夏二至，有春秋二分，有四時，有八節，有二十四氣，有七十二候，歲周一天，無或舛錯。攢歸片刻之內，納之一息之中，成天下之亹亹，謂非學之至大者乎？

《經》曰：「只要專心，效法天」；《陰符》曰：「觀天之道，執天之行，盡矣。」天之道從何觀？天之行從何執？不言而品物亨，四時成。觀之無門，執之無所，雖有聖智，莫測其處，此師恩之所以重於罔極也。

道無窮極，無終始，無來去，無跡可窺，無理可測，在形色之中而不有，居沖淒之表而不無。造化之主，萬象之君，生天地而天地不知其功，育萬物而萬物不知其德，為之而不居，功成而絕跡，無得而稱，強名曰「道」。所謂無始之始，是曰「元始」。元始之道，是曰「元炁」，即先天也，謂其先於天地而有也。《易》曰：「先天而天勿違」，天且勿違，其大至矣！學道者，其求得此先天元始之炁，謂之得一，一得而萬事畢矣。其得一何也？曰極也。陰極則陽，陽極則陰；清

極則濁，濁盡則清；天一之生，至清至潔；天命之性，純淨無疵；性命分，則屬兩家；性命合，則成一氣；神從中主，氣運兩頭，運在其中矣。

賢人知養性之功，至人明造命之道。人之賦形稟性命而生，失性命而死，性命之於人重矣。學性命之學，非學之至乎！一身之尊，心為主。心有真體，非肉團也。真心無心，無生滅，無去來，有生滅去來者，皆孽識耳。聖人教人拔盡識根，以超生死；教人性命雙修，以成仙佛。謹將諸經之言性命，分而列之，使人易徹，德全功備，馴至其極，造化神工，無出此矣。

卷四 煉丹篇

煉丹大候說 上

夫功夫下手，不可執於有為，有為都是後天，今之道門多流此弊，故世罕全真；亦不可著於無為，無為便落頑空，今之釋門，多中此弊，故天下少佛子。此道之不行，由於道之不明也。初功在寂滅情緣，掃除雜念，除雜念是第一著築基煉己之功也。人心既除，則天心來復；人欲既淨，則天理常存。每日先靜一時，待身心都安定了，氣息都和平了，始將雙目微閉，垂簾觀照心下腎上一寸三分之間，不即不離，勿忘勿助，萬念俱泯，一靈獨存，謂之正念。斯時也，於此念中，活活潑潑；

於彼氣中，悠悠揚揚；呼之至上，上不衝心；吸之至下，下不衝腎；一闔一闢，一來一往，行之一七、二七，自然漸漸兩腎大蒸，丹田氣暖，息不用調而自調，氣不用煉而自煉。氣息既和，自然於上中下不出不入，無來無去，是為胎息，是為神息，是為真橐籥、真鼎爐，是為歸根覆命，是為玄牝之門、天地之根。氣到此時，如花方蕊，如胎方胞，自然真氣薰蒸營衛，由尾閭穿夾脊，升上泥丸。下鵲橋，過重樓，至絳宮，而落於中丹田，是為河車初動，但氣至而神未全，非真動也，不可理他。我只微微凝照，守於中宮，自然無盡生機，所謂養鄞鄂者此也。行之一月二月，我神益靜，靜久則氣益生，此為神生氣，氣生神之功也。或百日，或百餘日，精神益長，真氣漸充，溫溫大候，血水有餘，自然坎離交媾，乾坤會合，神融氣暢，一霎時間，真氣混合，自有一陣回風，上衝百脈，是為河車真動。中間若有一點靈光，覺在丹田，是為

水底玄珠，土內黃芽。爾時一陽來復，恍如紅日初升，照於滄海之內，如霧如煙，若隱若現，則鉛火生焉。方其乾坤坎離未交，虛無寂滅，神凝於中。功無間斷，打成一團，是為五行合配。至若水火相交，二候採取，河車逆轉，四候得藥，神居於內，丹光不離，謂之大周天，謂之行九轉大還也。此時一點至陽之精，凝結於中，隱藏於欲淨情寂之時，而有象有形。到此地位，息住於胎，內外溫養，頃刻無差，又謂之十月功夫也。

煉丹大候說　下

夫靜功在一刻，一刻之中，亦有煉精化氣、煉氣化神、煉神還虛之功夫在內，不獨十月然也，即一時一日、一月一年皆然。坐下閉目存神，使心靜息調，即是煉精化氣之功也；迴光返照，凝神丹穴，使真息

往來，內中靜極而動，動極而靜，無限天機，即是煉氣化神之功也。如此真氣朝元，陰陽反覆，交媾一番，自然風恬浪靜。

我於此時將正念止於丹田，即是封固火候。年月日時，久久行此三部功夫，不但入圜十月也。故曰運之一刻有一刻之周天，運之一時一日一月一年，即有一時一日一月一年之周天也。然一刻中，上半刻為溫，為進火，為望，為上弦，為朝屯，為春夏；下半刻為涼，為退符，為晦，為下弦，為暮蒙，為秋冬。一時則有上四刻、下四刻之分，即一日一月一年皆同，此之謂攢簇陰陽五行，一刻之功夫奪一年之氣候也。到此乃是真空真靜，或一二年至十年百年，打破空虛，與太虛同體，此為煉神還虛之功也。

前功十月既滿，須時時照顧嬰兒。十步百步，千里萬里，以漸而出，倘或放縱不禁，必致迷而不返。仙經曰：「神入氣成胎，氣歸神結

丹。」所謂一點落黃庭是也。但人雜念少者得丹早，雜念多者得丹遲。此法簡易，奈人不肯勇猛耳。若能恒久行持，必然透金貫石，入水蹈火，通天達地。再行積行累功，服煉神丹大藥，必然形神俱妙，白晝飛升，全家拔宅，此又在功德之淺深如何耳。設或不服神丹，只顧陽神沖舉，回視舊骸，一堆塵土，夫亦白日羽翰，萬劫長存，可與宇宙同泰者矣。

服食大丹說

三清俸祿，玉皇稟給，非先聖賢哲，焉能受得？如許旌陽、葛仙翁、殷真君等八百餘家，俱是成道之後，方煉服食，以度群遂。仙云：「內丹成，外丹就。」此言人得正傳，先積精累氣，收積內外法財，養得氣滿神全，金光出現，晝夜常明，如是則吾身內丹成而吾身外丹亦發相矣。凡看書不可按圖索驥，學者於晝夜常明之時，藥苗已生，方可採吾身外之藥，配吾身中之雌雄，以得金丹入口，周天火候發見，頃刻湛然，撒手無礙，才是金蟬脫殼，默朝上帝，中遇仙輿，受其天祿，萬神朝禮，能折天補地，摘星握月，驅雷轉斗，呼風喚雨，舉意萬神，使覷天地如手掌相似。這福德勝三輩天子，智慧勝七輩狀元。到這般時候，方可煉服食金丹。此丹如黍米一粒，落於地則金光燭天，方名神丹。若不通神，敢說是外丹服食！此理奧妙，天機深遠，金種金，銀種銀，外邊無有別靈神。

此黃白之術，不是凡間金銀，為母過氣，果得正傳，能產先天大藥，認得黃芽白雪，稱為黃白，方可為母過氣，以煉神丹。但是金銀水藥，都屬後天，且又不知真陰真陽同類，萬萬無成。慨世學者，真假不辨，不遇正人，都是盲修瞎煉。

實修懷命之士，若未遇真師，且潛心看書。夫古聖丹書，不空說一字，妄言一句。只是後人不識邪正，又不知聖賢書中都是隱語譬喻，遭遇庸師，執認旁門，毒藥入心，又無通變，似是而非，自高自是，聲音顏色拒人千里之外，則高人望望然去之，況仙聖乎！

學者未遇正人時，當小心低意，積功累行，遇魔勿退，遭謗勿嗔，重道輕財；一遇正人，篤志苦求，抉破一身內外兩個真消息，忽然醒悟諸書，才不為人迷惑。若是志人君子，實心為命，掃盡旁門，重正心猿，重立志氣，低心下意，經魔歷難，苦求明師，窮取生身受氣初。初者，是元始祖氣，此氣含著一點真陽真陰。夫真陽真陰，產於天地之先，混元之始，這顆靈明黍米寶珠，懸在虛空，明明麗麗，但未有明師指破的人，如在醉夢相似，離此一著，都是旁門。此靈明寶珠，於虛空之中包含萬象，潛藏萬有，發生萬物，都是這個。

聖母靈胎

聖母產靈胎，勿泄真鉛氣。升降是黃輕，黃輕能制汞。黃婆能養砂，真鉛可作匱。火數要分明，定養一七日。硃砂作銀團，直到三十配。紫粉神符匱，養煉功成滿，要合真鉛數。化為紫金霜，點化無窮歇。我獨得其訣，莫與匪人說。謹慎守定心，不敢輕漏洩。銀鉛為根本，砂汞是子孫。轉轉升降同，接接無差別。鉛中有天地，鉛生五彩光。池煎聖母訣，裏外是黃金。皆是鉛中炁，將來產子孫。結送入丙丁，煅煉分剛決。養足三七火，母子自分別。聖母金砂養，子入悶鼎烈。五日分造化，插骨真白雪。火數四大圍，直到消足色。我得過關法，方可澆淋接。汞見立時乾，成寶永不滅。赤銅點成銀，黑鉛變白雪。仔細要推詳，字字無差別。我得師傅授，秘密真口訣。鉛汞雖在外，全在池中月。直到九九數，此物純陽絕。八石總不同，草木皆差別。得此真正金，切勿輕洩漏。

第一轉

先用二八鉛母，次用對停陰煉。入陽池內加大火，若火數欠少，則金花不發現，子灰不成功，夫全在於此。煎煉既久，發盡金花，鉛沉銀浮，待看凝神定汁，鉛生五彩，方才住火。冷定將池起出，打破將鉛又對母八兩，入池煎煉一次，如此九九足數，母似金色，任意養砂匱子。

第二轉

將聖母斫作小塊，入盒內伏氣三日，三方火半斤，補全神氣會合先天，足日取出，摘去母以藥作匱，方可超凡入聖。

第三轉

結聖胎產子之法：將靈母盒內取出捲鼎，進汞四兩，先將水池放得

平正，早晚添水。水怕乾，火怕寒，此二物不均，則聖胎不結。初火半斤，周圍一日，次日加火半斤，共該一斤。養六日一週，訣曰：「火令鉛制汞，汞使鉛來迎。」上火下水，日足取出，子母相盜，靈胎自結，號曰聖子。雖識真鉛真汞，不知火候難成。二物欠火，則聖胎不結，蓋火性緩，斯能融物，鼎要紫紅，聖胎自結。若火數微，水數勝，則鉛汞不交。凡結胎之鼎不可太紅，太紅者恐傷聖母。訣曰：「火大傷其母，火小子不成。正是銀與汞，合子與母戀。」實為吞盜之妙。既結子已成，收母入靈藥盒內，補全神氣聽用。

第四轉

將靈子配金汞四兩，每兩進好赤金五分，同前悶鼎內，提上明爐底，火要一候足，一大火臥倒，冷取出入匱養之。

第五轉

地天泰卦，伏氣之法，顛倒薰蒸，而有神功。先將聖母剪碎入捲爐中，以鐵線略交住，安靈子如法封固，行顛倒之法，上火下水，薰蒸三日，冷定取出，乃將聖靈入匱，補全神氣聽用。

第六轉

訓子煉神之法：將伏氣靈子入悶鼎內，煅煉二次，打成錠子，取出，斫如三四分小塊，同藥拌勻，復入捲鼎內，底火一香，溫養一候，冷定取出靈子，再用母照前伏氣日足，消之不折則靈矣。

第七轉

行過關之法：四兩入藥八兩共入悶鼎，懸爐內，鼎先要微紅，方將風匣慢扇三百六十之數足，冷取出看是紫色，是目下過關之妙。

第八轉

將過關靈子四兩，接汞二兩，入悶鼎明爐養火一候，又煉一候，打一大火取出，復入捲鼎爐，復母一候，又靈藥養一候，再配成戊土過關，乃為超凡入聖也。

第九轉

聖子六兩，接生汞四兩，伏母炁，薰蒸過關，如前，至此汞不返還矣。

九轉之後，升黃輕，其法以靈子一斤，加砂一兩六錢，入水火鼎內，底火升三七日，上用錫壺一把，滴水，日足冷出，盞上生出，一似靈芝，名曰黃輕，又曰大丹之藥。一分，乾汞二兩，中間水銀一錢，點銅三兩成寶，上以碗盛水，懸布滌滴之。

制鉛秘訣

黑鉛者，乃玄天之神水，生於鴻朦之前，產於天地之先，中含五彩，內蘊先天，作金丹之鼻祖，為造化之樞機。內藏真汞，變化水銀，故曰先天真水銀。

木體原無創造，緣煉丹之士不知根本。斯鉛出山，內有銀精，被土人採而煎煉，摻和銅鐵，煆成汁後，入灰池煎出白金，仍將鉛底熔化成鉛，傾銷成塊，販賣客商。經二番爍爍，安得復存先天之真炁耶？若先天真炁泄盡，只留一味枯體，安能制伏硃砂？必須採出山真鉛，安入造化爐中，神火煆煉，化成黃汁，補足先天之體，如此得鉛，方遂修丹之士，才是丹門中藥物。書曰：「火不正而違天，藥不正而背元。」因斯鉛難得，後賢無奈，借用凡鉛，只得以同類之物，補其真氣。故取坎鉛，傾成薄片，剪如掌大，再以上等無名異打開，內含紫青色者為妙，名曰土精，乃日月雨露精華所結。

將此藥末，與薄鉛層層開隔，鋪於大盆中，不拘三五十斤，上亦以盆扣定，鐵線十字紮緊，封固於空室內，周圍下穀糠六七斗，如此火煉，三日冷定取出，鉛如黑漆之形，內含五彩之色，才堪制伏硃砂。書曰：若要鉛靈，須憑火煉。斯言得之矣。

制銀秘訣

銀者，金精；鉛者，水基；水者，道樞。其數為一，母藏子腹，子隱母胎，金水同宮，日月合璧。此是真胎產於黑鉛之中，故曰黑中有白，謂虎向水中生也。欲作丹房之金鼎，必須出山之銀為鼎器，招攝先天真陽之炁、日月純粹之精，有中生無，無中生有，煉白返赤，作金丹

之梯航。夫婦交孕，勝人間之鴛枕，本無製造，因斯難得，後賢無奈，借用凡銀，以法煉成金鼎，制伏砂汞，然後賴母仗砂。往往無成者何也？因不知斯銀之出處根苗，而妄用之故耳。蓋緣斯銀在也，摻和銅鐵，傾銷萬遍，真炁走失，精華枯竭，止存頑質，安得有靈？必須以法制之，方堪作用。

書曰：「聖人無奈缺真鉛，窮取凡鉛鼎內煎。」又曰：「黑鉛相伴白鉛煎，二炁交加銀煉鉛。」法以制鉛半斤、凡銀八兩，共入白玉池中、逍遙爐內如法煎煉，壬真癸盡，三開三合之際，急宜著意取起，以作丹房之鼎器。書曰：「鉛中癸水，憑火燒乾。銀內陰魔，仗鉛載退。銀吞鉛中之陽炁，鉛剋母內之陰精。銀中陽滿而陰癸自消，陽內陰絕而陽花自現。九九功完，兌金始淨，中含金橘，而若絳桃。」又曰：「若無採藥臨爐訣，百煉千燒母不黃。」凡我同志，留心於此篇之中內藏真

機，要知藥生之時，急急採之，如夫婦交感、種子之道一同，如經水未來或經水過期，月信不準而行交感，安有受胎之理？知者細觀池內，採取先天真一之炁，看月新月初生之景，陽光將萌之時，急以外藥真精，投入母腹之內，先天後天，互相包裹，排火周天倒池退符，去火冷定取山，似金橘而裹金砂，若明月而含紅日。書曰：「今年將盡處，明日未來時，即採藥之火候也。外藥固中之物，天魂地魂是也，各為父精而非雜物。書曰：「陽精不與陰精合，費盡家財總不成。」老則望遠，嫩則無用，高明忌之。

制砂秘訣

砂者，南離之火，外陽而內陰，中含真汞，號曰天疏，遇火則飛，逢金則伏。外陽者，南方朱雀之象，丙丁之位；內陰者，東方青龍之

象，甲乙之位。欲制者，畏水中之金公，故砂有飛走之患，鉛有制伏之力。其水逢金而必剋，火遇水而絕煙。砂汞銀鉛，互相剋制，水火既濟，金木交併，會中宮而生真土，名曰戊己，乃青龍白虎，兩弦真炁結而為圭，實乃烏肝兔髓也。因初起，難得此真砂，故聖人借用凡砂，入陰陽池鼎，以法制之，化為真土，轉制砂汞，以為金丹，乃凡中取聖之玄妙也。

制砂之法：先以黑鉛投踵息聖土池中煎煉，癸盡壬真，金花初錠，庚方月現，一道蛾眉，以紅入黑，取坎填離，顛顛倒倒，片晌時間結為夫婦，聚為魂魄，金木通靈，水火既濟。四候溫養，二候得藥，而成圭刀之黍米。離實為乾，坤虛成坤，化作乾坤之鼎。乾育震男，坤生兌女，中宮交會，而生真土。土產真金，號曰舍利，為點化之靈田。智士若能知此坎離之交，金木之併，採藥之真，則砂可制而汞可伏也。

書曰：「聖人無別藥，一味水中金。」今人以凡金凡銀而煉砂汞，是以女妻女，不知道者也。又不知水中之金為真金也，此金有炁無質，安肯等閒住於雜物之上哉？

制汞眞訣

汞者，震木也，乃東方甲乙之象，居角亢之位，生於離也。有氣有質之物性，善飛走，變化莫測，號曰青龍。其體滑似水，惟土可剋。其色青屬木，惟金能伐。若能降伏此龍，立可點化五金，堪以濟貧助道之資。其所畏者，坎宮之戊土；所懼者，水中之真金。故聖人有汞傳金炁之說、水銀烹金精之論。名雖有二，實是一理，緣初起難得此金汞，故借凡砂水以法制之。古云：「水銀死時水銀死」，正此謂也。

制之之法：以汞投入踵息池中，重樓疊疊，仔細封完三方底火，薰蒸三十六時。陽文陰武，抽退汞中之陰癸，盜出坎戶之真金。其輕而上浮者為聖汞，重而下濁者為胎銀，其靈者能補砂中不足之元神，能去砂中陰濁之塵垢。濁者能點銅鐵為金，能養活砂成銀，此又分派之應驗也。

書曰：「若要聖母生聖嗣，先將去奪先天。」又有辛金之鼎，傳庚金之祖炁，以金制汞，以汞投金，傳金之汞，盜金之精。如能產出精華，轉制凡砂，亦名過關，砂之流焰，賴此而息，離之真火，仗此通靈，乃丹家之要法，煉道之樞機。味之味之。

金精陽炁要法

金精者，鉛中之乾金；陽炁者，砂中之陽神也，乃金火二物是也。紫陽翁言「水銀烹金精」、「硃砂煉陽炁」，人皆言是一串話頭，畢竟

分解不清，且有烹金精之說，而無煉陽炁之方，使學者如盲人尋路，豈知南北東西？瞎摸胡猜，以為渾然之說也。

余謂金精、陽氣，乃兩般之做手，實一樣之功夫。理則一同，法則二端。知者大丹可造，迷者遠隔於山。法曰：「水銀烹金精」，人以活水銀入黑鉛之中，謂之水銀烹金精，可笑之甚。水銀者，謂黑鉛中之銀，真水銀是也。乃先天真一之炁，無質無形之物，實難擒捉，故以辛金為鼎，招攝歸中，煉白返赤，化為黃酥，名曰水銀烹金精之玄是也。乃以辛而烹庚金，無形而住於有形，二五妙合，同類相招，人皆未解也。硃砂煉陽炁，令人亦多不明白，只言水銀而硃砂，硃砂而水銀，一個道理，兩樣說話，教人如何下手？如聾聽管籥，哪別宮商？苦哉！苦哉！法曰：金精既明，將制過水銀，同煎金精之母，關作一家，升出清汞，配玄元之火，與硃砂入鼎共烹，三日砂脫紅衣，內添永髓，豈不是

煉陽炁之稱乎？若非後天之辛精，將何以烹先天之水銀？非後天之木汞，將何以煉硃砂之陽炁乎？

金火論

金火乃丹家之至要，知金火二字，則萬事俱備，一舉而成。今之煉士，有言以白銀為金，砂皮為火，非也，是不知道也。金者自水中而生，乃先天之真銀也。此物生育天地萬物，至神至靈，難擒難縛，故聖人以白金為鼎，運行水火，招住白金鼎中，攢年簇月，煉至九陽，凝成金鼎。金生火化為黃液，能擒後天，聞炁而死。聖人東北金，火轉至天晥。或制木汞。以金制汞，名曰水銀烹金精之玄。或有以汞投鉛。傳出鉛中之金，而煉砂制流，不知鉛中之金乃為庚金，辛金不在其內，鉛中骨月，何敢失也！又有砂中取火，而為真火，非也！然砂中之火，乃為

黃硫，實乃砂中之靈英，後天之有形，故將此物制砂制汞，乃生熟相制之意也。蓋丹道妙在真火，書曰：「真火無形，遇物而現。」非有形之物，知者味之。

踵息煉氣篇

大哉先天一炁兮，中立玄牝，是謂橐籥，始於無極；至哉後天兩儀兮，七八生門，加倍無路，終於有情。天人一致，人仙兩途，歲月如流，光陰若霎，冥陽永隔，嗚呼！旁蹊易入，正道難臻，人道不修，仙道遠矣。真常有得，要自功夫。其為妙用，行乎晝夜之間，少食寬衣，坐於靜室之內。手握心印，足踵地戶，舌柱上腭，唇齒相關。調踵息而綿綿，合入合出；定身心而默默，內靜外澄。一念規中，萬緣放下，四門外閉，兩目內睹。想見黍美之珠，權作黃庭之主。方存性日在泥丸，

仍安命月於丹府。似有如無，神凝氣結，如是良久，憩息天然，徐徐咽下真氣，緩緩納入丹田，沖起命元，領督脈，過尾閭，而上升泥丸。追動性元，引任脈，注明堂，而下降丹府，甘露乃送丹田，是則寂然不動，感而遂通，此則體交而神不交也。

龍虎交加，即安爐立鼎，調和鼎鼐，亦為燮理陰陽，如此兩弦交併，動靜四功，共為一周天火候。次第勤行，週如復始，善使三關純熟，二氣和合，此神交而體不交也。舉動橐籥，往來意內，頻搧慢鼓，巽風上下，隨意升降。進而徐呼，退而猛吸。先搧四九，且止就定。仍行四六，內協輕提就可咽氣，一泓仍要，括腹二八，如此共行三度，各用六次為周。或乃順而行之，或乃顛倒之妙，每次煉畢，仍行靜功，或後三元，上下九轉。恐氣未得上升，加以武機三扉訣，臨爐交煉，晝夜四功，靜運動機，常行尤妙。臨期潮候，月出庚方，可以搧動。凡鉛成

就，不終一刻，但得三五度凡鉛，可延壽二三百歲。行功之際，別有妙用。

常飲仙家酒，休折臨落花。閑撫沒弦琴，慢吹無孔笛。如是功夫，至玄至妙，但行緊急，有損無益。金丹大道，全在形交，玉液玄機，別無妙術，故曰「採藥容易，煉己最難」，務令性靈神融，心灰意定，功成百日，妙奪周天。還丹之道，無出於茲，栽接之功，不過如是。但勇猛易就，怠惰難成。誠為玉液煉己之樞，真乃金水鑄劍之要。

擇財助道

必須善財，預儲完足，不令缺乏。若係孽財，必代受孽報，審慎擇之。

擇地立基

必居依市廛有勢有力之家。有勢無力，則浩大之費，無從取給；有

力無勢，則外患多端，無由彈壓。或就鄉居，土宜紅黃，上無古墓，中有甘泉，旁有善鄰。不近於牛池糞窖，山川清淑，斯為福地。否則恐不克諧於事，此地之所以必擇也。

擇侶同修

必擇同心之侶，為生死之交。秉性純和，忠孝友悌，扶持丹室，勤勞不倦，朝夕防危，恐臨爐有失。一得丹時，如醉如癡，全在侶伴黃婆，小心調護，否則生殺之機頃刻矣。

築立丹台

所謂入室，室者，修真之丹房也。室共三層，前一大廳，廳前敞地，左右門房；第二層中堂正室，左右廂各三間，左廚右庫，正中積財以備用，廚中供監齋天將牌位。正中三間，供祖師、五祖、七真、十六天將神位，供桌上淨水、香燭、花瓶，排列古器，用日月規，將時對

準，並經書全集，早晚參拜。正中左右為行法護衛之居，中間隔斷，只留一孔，方尺許，以進飲食。後堂三間，左右廂各三間。正中三間，東青龍房，西白虎房，正中供上帝祖師牌位。子午正向，左丹室，右神室，窗明几淨，四圍高牆，勿令人窺探。欄檻清幽，栽花卉，養鶴鹿，為靜女散心之地。

周天定時

時者，非年月日中之時，乃先天活子時也。修真之士，苦求還丹，必定其時，須擇鼎器，或三五六七者，自他所生之時算起，每一日十二時，每一月要三十日，每一年要十二月，又將閏月之數作算不除，以十二歲初年屬子，二年丑，三年寅，四年卯，五年辰，六年巳，七年午，八年未，九年申，十年酉，十一年戌，十二年亥，此為年中周天也。調月周天，將十三歲第一個月為子，至十二個月為亥，此月中周天也。又

言日中周天，卻將十四歲初一起，每兩日半三十時當一月，記三十日，總共三百六十時，為十二月，此日中周天也。再說時中周天，就丑年丑月初一日子時起，初三日巳時止，共三十時，此為時中周天也。所云「三日月出庚」者，此之謂也。

雖然是「三日月出庚」，又未得其真傳，以初三日為採藥之時，不知真龍配合也。若至初三日藥過時而生質矣。譬如三十日為晦，初一日為朔，天上日月二精，每於晦朔兩氣相射，則太陰感陽光而有孕。如初二日，月與日同出同沒，至初三日日落，月現一痕蛾眉於庚方，庚乃兌金即乾金也。巳歸西南，坤兌少陰之象矣。要求大藥，必於活三十日夜，活亥時後二候，活得一日，活子時前四候，共六候之內，得藥得丹也。前四候之初驗鼎，唇紫面赤，眉間光潤，癸盡壬真，乃藥生之時。經曰：「細審五分剛到二，魚鱗片片起禎祥。」

九轉龍虎金丹

配合起手

用真正老礦髓，即飽銀砂，形如綿軟，嫩白不夾石者，每兩出寶八錢。用十兩研細為末，內隱坎水，正一真鉛。此鉛中戊土，含月魄，先天真陽，太陰月華下弦之氣，是謂「虎向水中生」，顛倒玄機，而為黑汞。黑者玄武，銀者金精，太朴未散，是恍惚中物，不可見其質者，名為抽髓。

真正硃砂，形如豆大，精神光彩，無夾石者，每兩出汞八錢，用十兩成其顆粒，內隱離火，正一真汞。此砂中己土含日魂、先天真陰、太陽日精、上弦之氣，是謂「龍從火裡出」，顛倒玄機，而為紅鉛。紅為朱雀，鉛是汞精，太朴未損，是杳冥中，居不可見其形者，名曰抽精。

山澤淨銀十兩，剉為細末，或為銀粉，用鹽凡梅湯煮洗令淨，用白芨水，調稠於瓷盒神室中，貼作胎胞匱並蓋盒。

將礦研為細末，先鋪匱底一層，然後層層與真汞並精彩硃砂間裝，真鉛末蓋頭，以胎胞蓋之。又用瓷神室蓋覆封固合縫，又用護火外匱磁鼎，或罐量其大小，內裝底細末，將神室安放匱內，中間四圍匱底，用淡末裝合勻滿，瓦蓋覆，仍封固嚴密，下地爐或灰缸，三方一鼎火，共一斤之數。卯酉抽添，養火七日夜，開看翻騰一次，封固復養，照前火候日夜足開看，取砂一粒，燒試成珠，無硫焰不折乃可。其燒試有焰，或折多者，再照前火候養七日夜，方可就與真鉛末混為一處，通研極細，故曰：「鉛用髓，汞用精，精髓相合丹必成。」詩曰：「鉛汞成真體，陰陽混太元。但知行二八，便可煉金丹。」此謂二八，金丹鉛汞是也。可為真父母，丹之祖也。又為四象五行真土，又為三家相見，到此

方產嬰兒。子母相生是為第一轉。

第一轉　土擒砂汞混元丹

右將前銀末胎胞匱，不可損壞，仍將真鉛真汞末四抱一之數，於胎胞匱中下爐，依前火候三七夜足，取砂開看。青色可用，如紫紅者再養，務要養死，共湊死砂若干。不可燒汞，研為細末，修養第二轉。

第二轉　日精月華龍虎丹

將前銀末胎胞匱不用，又將前配真鉛真汞末，用白芨水調稠於瓷室中，貼作丹基祖匱令乾。汞不可損壞，又用山澤真母二兩，客成一二分小塊，先鋪一兩在匱底，又將前養死混元丹砂研為細末，於母丹基祖匱內，四抱一之數，仍用金箔與丹砂層層間隔，再將碎銀塊一兩蓋鼎，將盒如法固濟令乾，仍入護火匱內，照前火候三七夜足，開盒取砂，燒試不折，透青黑者收。再養一二次，共得砂若干，不可澆汞，亦研為細

末，修養第三轉丹砂。

第三轉　神汞金液返還丹

右將丹基祖匱內汞，不可損壞，另收，轉輾用之，不離此匱。仍將混元丹砂末，白芨水調稠，貼於瓷神室中作匱，又將養死日精月華丹砂，研為細末，四抱一之數，又用金箔拌養，層層間裝，如法固濟，仍入護火匱內，照前火候三七夜足，取砂一錢，燒試成珠，硃裡汞五分。虛養三日，夜足取出，砂汞一錢五分，點茆一兩成寶，試之有驗，餘不澆汞，研為細末，修養第四轉丹砂。

第四轉　玉房金汞靈砂丹

將前日精華丹砂末，用白芨水調稠，貼於瓷神室中作匱。令乾。將神汞金液返還丹砂，研為細末，二抱一之數，金箔拌養，硃砂封固，令乾，仍入護火匱內，照前火候，養日夜足，務令砂死。每死砂一兩，澆硃裡汞五錢，虛養三日夜足，取出，每砂一錢，可點銅錫一兩五錢，入鉛池煎成至寶。將匱出餘砂，或烹煉返粉，每丹三分，可點銅錫一兩，卻將養死汞熔汁，鑄成神鼎一隻，形如雞子樣。將來乾汞餘砂末研細，修養第五轉丹砂。

第五轉　朝種暮收玉田丹

將前金液返還丹砂末，白芨水調稠，貼入丹鼎神室內，作匱令乾。將養死玉房金液靈丹砂，研為細末，用金箔拌養丹砂，層層間裝，照前固濟令乾，入護火匱內，照前火候三七日夜足，取出，每砂一兩，澆砂裡汞五錢，虛養三七夜足，又用金箔拌入丹基祖匱內，養火三日夜足，每砂一錢，可點銅錫乾汞一兩或烹煉丹泥，亦用生熟相接之法。又將匱出砂汞為末攤平，如栽蓮養雌雄硫藥，養火一七日夜足，摘出三黃為末，拌養靈砂粉霜，有晝夜之功，同造化餘末，修養第六轉丹砂。

第六轉　靈芽遍體純陽丹

將玉房金汞靈砂丹末，用白芨水調稠，貼入丹鼎神室內作匱，用麩金四兩，拌養好硃砂四兩，照前火候三七日夜足，開看摘去麩金，將受過金氣丹砂，又用五轉養出朝種暮收玉田丹砂，研為細末，與砂同金箔層層間裝，照前火候養三七日夜足取出，硃砂四兩，澆金汞二兩，虛養三日足又用養死的雌雄硫末，拌養金汞金砂之丹三分，分作三次，點成上色黃金。又將匱出丹砂，或養砒硇硼凡等藥真死，轉養第五轉丹砂。隨類點化餘砂，如不點化，不用雌雄等藥，只用麩金拌養氣足。又將前朝種暮收砂末，於鼎攤平，插數孔種入硃砂，照前火候，養三七日夜足，其汞已成靈芽玉筍，取出點化五金，俱成至寶。金砂為末，又能轉制九轉，可以服食，修養第七轉丹砂。

第七轉　黃芽氣結精英丹

將靈砂遍體純陽丹砂末，二抱一之數，於鼎神室中拌養，無損壞好砂一二兩，照前火候養三七日夜足取出，每砂一兩，澆硃裡汞一兩對停，虛養三日足，又用金箔拌砂汞，入鼎丹基祖匱中，養火三日足取出。每砂一錢，點銅錫二兩，乾汞一兩，至成寶。匱出餘砂，養與前死雌雄末一處，研為細末，入瓷水火鼎內，如法固濟令乾下爐，上水下火，升一炷香，候冷取出，其天盤上著明窗金塵另收。每汞塵一分，搽摻水銀二兩，成赤色黃金。水火升幫墜底者，入耳鍋熔汁，鑄金鼎神室一隻，轉養金砂。又將前養的玄黃氣結精英丹砂，配前養砒粉硼硇膽礬等藥，照前入水火鼎，打出天盤，輕清者名為白雪粉霜，也有搽摻銅鐵之功。白者化銀。又將打餘砂為末，修養第八轉丹砂。

第八轉　霞綾紫府長生丹

將前養的玄黃氣結精英丹砂末，二抱一之數，於金鼎神室中，拌養好砂三兩，照前火候養三七日夜足，將砂摘出，就打火金鼎黃土金箔貼一層令乾，對停澆金汞，虛養三日足，乃用前養雌雄末與砂，一處研為細末，照前入水火鼎，升出為黃輿紫粉，每分勻汞銀一兩，成上色赤金，有搽摻之功。如不加雌雄等藥升打，只用金鼎胎接養三日氣足，修養第九轉丹砂。

第九轉　脫胎神化靈寶丹

將霞綾紫府長生丹砂末，於金鼎神室中，拌養好硃砂四兩，照前火候，養三七日足取出，養丹砂一二次燒硃裡汞對停，虛養三日，又用珍珠琥碧等為末拌勻，入金鼎慢火溫養，五日取出，服食內摘丹一二兩，仍將第一轉丹硃末，每一兩加硃裡汞五錢，入悶鼎先文後武打一火，待

鼎冷定取出研碎，逐塊用金箔包之，入金鼎神室中，用霞綾紫府丹砂末，拌養七日足另收。又將第二轉起至第八轉丹砂，照前配汞入鼎打出，逐塊用金箔包之，用長生丹砂拌養七日足，轉輾養畢，俱成通靈之藥，點黃白數餅，供奉先師，用玄豹皮收貽。

大丹起手秘訣

西江月三首

若得水金十六，須將木火均勻。同歸丹鼎火溫溫，三十時辰為準。
不用水火升降，後有二八餘零。陰陽交泰即長生，還向丹房問鼎。

水金十六兩，即先天真一炁一斤，是戊己也。木火均勻者，即精明好硃砂，以此二物，夫婦和合，同歸丹鼎室中，文火溫養三十時辰，而砂熟成藥也。凡生砂色紅，熟砂色黑，用火燒試成珠，方為死也。採先

天真土真鉛法：用一炁鉛四兩，又用好文母四兩，入硬池溶化取起，煉於灰池內。將凝未凝之際，將制的鉛銀，投母銀於內，久之生出藥來，嫩黃色收下，即先天真鉛發生其面。取下研細末，入光明硃砂四兩封固，下灰缸三十時辰足，其砂死矣。取出硃砂，將乇藥收起，如養過乇藥，取來研細，復入鼎內，又養砂，每乇藥二兩，養砂五錢，其力弱了，要四七方得砂熟。

其二

既有初子四兩，將來制立乾坤。形如雞子二弦分，腹內空虛經寸。進退陰符陽火，擒收地魄天魂。鴻濛顛倒法乾坤，便是登仙捷徑。

神室也，如初子有一兩，入沙鍋中熔化，用荷葉急攪不歇，久而盡成砂粉矣。候冷吹去灰，以白芨調和，用鵝卵殼新筆塗刷，乾了又塗，塗完為度。又外用紙巾泥一層，待乾入火一煆，中殼以成灰子，銀已鑄成鼎矣，名曰神室大丹。至此點化近矣。將鼎頭鑽一孔指大，進光明神炁好硃砂四兩，封口入灰缸養五日，每日子時進火一兩五錢。至午退去殘火，又進一兩五錢，此頭一日行火也。次一日卯進酉退，如前抽換。第三日又從子時起火午落，第四日卯酉抽添，第五日或卯酉兼行。何也？蓋前四日子午卯酉火均，而此日恐少卯酉火故也。四方火換盡，火止砂盡靈矣。此砂一錢，可點茆一兩成寶。其茆初點黑色，入金鉛池煎過，即成雪花紋銀也。

其三

黑成靈砂至寶，必造金液還丹。三人同志可修仙，一一須當備辦。
做個神仙活計，莫同塵世交關。知心養成大還丹，勿得輕傳洩漏。

熟靈砂二兩，研為細末，用上好光明硃砂一兩，白芨水拌濕滾前砂末，曬乾，再又滾，滾完為度。復入汞靈母匱內封固，下灰缸養火九日

開看，而砂胎色鮮，此所為還丹也。砂本太陽晥光，乃真火炁結而成，今養熟返其本色。夫丹靈而赤存，存有點赤返白之妙，故曰死水銀，能固活人，活水銀能固死人。每水銀一斤，用此靈砂四兩，入悶鼎封固，打火二八，其汞死矣，每死汞一錢，點茆一兩，入鉛池煎過，即成白銀伏子的黃母形式。將黃酥母用鐵絲纏住，紙巾泥塗一錢厚焙乾，入鼎，庶子母不相侵犯，但金氣交而體不交也。

黃母形式

用先天礦石中煉出的仙銀，為真鉛，硃裏汞為真汞，一個養瓷點銀成金，一個養硇點鐵成銀。其神室重一斤，用死汞造神室祖匱，於後不可犯邪氣，此匱乃祖祖聖聖之秘。

我有一畝田，團團似月圓。煉出金光祖，荊牛不可牽。

長命金丹

煉神母訣

銀一兩，鉛為伴，三足爐中憑火煉。陰消陽純火候足，鉛花退盡銀自乾。金花浪裡層層滾，五色霞光紫霧現。鉛遇癸生須急採，金逢望遠不堪嘗。金滿面，到此急急不住扇。足用大火三炷香，池中清濁方為驗。急急投進砂神室，瓷盒扣住准三錢。周圍土固要牢堅，此時不可輕遲慢。起盞一餅黃銀末，上戥重有一兩三。此為戊己真不錯，養砂乾汞立時見。若能養砂十三兩，九九功成妙無邊。

用出山銀一兩，鉛砂九兩，先將銀鉛各一兩，入飛仙池，用三足爐上下覆蓋如碗大，自然火煉之。待鉛花發現，鴻濛將判，方投鉛一銖，凡煉鉛時，將前鉛九兩去一兩，落八兩，分為十八銖，每銖四錢四分四

釐。餘鉛一兩，同前母入鉛煉之。待鉛盡，鴻濛持勢，方投一銖，徐看徐投，池內鉛多者，用棍校出，待鉛銖投盡，方加硬炭，三炷香為度。看母純陽，如潭底之日，焦紅溶溶，再投死神火三錢，復扣少時，神母成珠，此為黃酥也。二錢可養乾汞一兩，點赤十兩。此黃酥一錢，養砂四兩，入鼎養七日，即將此砂補髓添超脫，接轉無窮矣。死汞煉一斤，名曰真父母，將來養硃砂，點金過北斗，將前己土養死芽子一斤斫碎小塊，加金鉛末拌勻，入罐封固，養火七日，打一火，抽去陰炁，取出入鍋，煉大火三炷香，提下冷定，枯鉛在上，子銀在下，取出過關，入灰池煎寶，為一轉之功。

一轉過關死汞養砂

過了鉛關轉轉成，神龍脫化自然靈。汞養硃砂砂脫汞，汞靈砂死大丹成。一轉丹砂死，多蒙老母恩。抽添憑未濟，水火別寒溫。訣曰：用

過關汞銀一兩，斫小塊，配硃砂八兩，入鼎封固，養火七日，取出入罐封固。打一火，將升盞靈藥一錢，乾汞二兩，成寶子銀另收要用。將內真土作汞泉匱，以養硃砂，故曰：「汞死號黃芽，黃芽復養砂。死砂憑澆汞，九轉不離砂。」

二轉丹砂變化

二轉靈芽三轉砂，靈芽顛倒吞汞花。產下無數嬰兒出，個個拋金會種瓜。

二轉死硃砂，脫出真汞芽。真汞養砂死，通靈妙更佳。訣曰：將黃芽復養砂二轉，靈砂芽養砂八兩，即砂死，鉛澆汞，每砂一兩，吞汞五錢。養火七日取出，加硼砂三錢，入鼎封固，打火三炷香取出分胎，子母前後，各收聽用。

三轉烹白雪

三轉通靈妙若神，不須超脫自然真。工夫到此知音少，試點紅銅變白銀。

三轉靈芽子，將來養硃砂。點銀如糞土，堪以濟貧家。訣曰：將三轉死砂脫出子銀，每一鼎只用二兩加川粉二錢，銀作小塊，粉沾身裝悶鼎內，用水盆一個，內放新砂一塊，令水淹過一分，將鼎提上明爐，底紅一指，三轉白雪養砂開鐵，將鼎提新砂上激冷。又燒又激冷，如此行七日，其汞俱成白雪，可以養砂八兩。倘汞或多，行煉老陽法，用天晥一兩、銀硼五錢同研為末，與銀穿衣入罐封固，養火三日，打一火，與一轉二轉三轉以上烹白雪工夫一般。

此訣造化，不費人力，一轉汞銀須過關，即此死砂脫出子銀也。二三不必過關，只用超脫之法，鑄成神室，灰缸養砂，火大恐傷神室。溫

溫之法，三七日取出砂，似碧天五分，開鐵成寶。將此八兩，進汞四兩，養三七，接養四次，與砂銀一般，三分開鐵一兩成寶，養砂進汞四兩，其砂名玉金砂。

四轉造玉金砂

四轉靈芽變化多，擎來初出白雲窩。任教大地塵沙變，萬劫英靈永不磨。

四轉硃砂死，凡母脫青衣。製造無差失，還丹亦易為。訣曰：前澆汞玉金砂二斤，一斤鑄神室如雞子樣，餘一斤留煉白，或老陽栽接。養砂八兩，若加玄霜更妙。將砂入神室封固，又入瓷鼎固濟如法。七日足，丹紫紅胎，色不變化，作紫粉一分，開鐵成寶。

五轉紫粉養黃輿

五轉靈芽多變通，消磨虎氣一團龍。誰知鼎內溫溫火，取出其中紫

變紅。

五轉硃砂死，通玄合聖機。關嚴靈父發，脫化退青皮。訣曰：五轉硃砂變紫粉，入室養黃輿金胎，如養得黃，須用麩金為母，依四轉配合，用好砂八兩入神室。麩金鋪底蓋頭，如法固濟，溫溫七七日足取出丹砂變成紫粉，號磨金砂，可作金母。以澆金汞，須制伏，用黃連黃檗黃芩如雌黃之象，可澆金砂四兩，淋汞一兩。火候小心，澆一次仍歸祖金，內養二七日足，淋一次。此金砂一分，點五金，皆成黃金也。六轉金汞養金砂，將澆過紫金砂汞銀，鑄神室，餘銀作末，火養為金砂。又將金砂澆淋，汞養金汞云。

六轉金汞養金砂

六轉工夫氣轉靈，霞光射出鬼神驚。明珠萬斛應無價，留得些兒養性情。

六轉硃砂死，精靈實可誇。有人能到此，立地是仙家。訣曰：將紫汞鑄成神室，名曰金鼎，餘金作末，二抱一養七日足，皆成金砂。再將金砂淋汞，養金蠶，變金液，依前配合封固，照前四轉，大功日足一分，乾汞四兩，即成紫金。

七轉紫金養金蠶

朝種胡麻暮即收，功成七轉復何憂。等閒莫與時人說，獨對嫦娥笑未休。

七轉金砂死，光明普照通。學人能到此，點盡泰山銅。訣曰：將前六轉金汞，鑄神室一個，上下二釜，照前二抱一，養砂配合封固。養七日取出，澆汞五錢，仍養七日，進汞養畢。朝種暮收一分，乾汞六兩，俱成黃金。

八轉金蠶養黃輿

子產孫兮孫復孫，紅鉛黑汞魄歸魂。好將玉鑰開金鎖，跳出長生不二門。

八轉硃砂死，稱名號大丹。點金等岱岳，推許濟貧寒。訣曰：用七轉金蠶一斤，澆千葉雌八兩，入神室固濟，養火三日，其火即伏。又進瓷雌半斤，乃入神室，養火三日，此汞盡成黃輿。此藥一分，點五金皆成黃金。

九轉黃輿養神符

九轉工完妙更玄，一粒能教汞立乾。造化豈知全在我，任教滄海變桑田。

九轉靈砂死，火功已到乾。其中玄妙理，莫與世人傳。訣曰：將八轉黃輿一斤，每兩加玄霜二錢，神室封固，養火三日取出，用陽城罐一個，入藥四兩，如法固濟，上水下火。一火冷開看升盞靈藥，紫氣金丹，收入瓷器，楮汁為丸，如黍米大，絹袋懸井七日，以去火毒。拜祭天地神明祖師，用井花水吞一粒，永為陸地神仙。

卷五　煉丹歌詠

金丹大道詩

養道皈眞

落魄江湖數十秋，逢師咬破鐵饅頭。
十分佳味誰調蜜，半夜殘燈可著油。
信道形神堪入妙，方知性命要全修。
目俯會得些兒後，忘卻人間萬斛愁。

離塵歸隱

一片閒心絕世塵，寰中寂靜養精神。

素琴彈落天邊月，玄酒傾殘甕底春。
五氣朝元隨日長，三花聚頂逐時新。
煉成大藥超凡去，仔細題詩警後人。

埽境修心

紛紛內外景如麻，有地馳驅事可誇。
撒手不迷真捷徑，回頭返照即吾家。
六根清淨無些障，五蘊虛空絕點瑕。
了了忘忘方寸寂，一輪明月照南華。

力敵睡魔

氣昏嗜臥害非輕，才到初更困倦生。
必有事焉常恐恐，只教心要強惺惺。
縱當意思形如醉，打起精神坐到明。

著此一鞭須猛醒，做何事業不能成。

一求玄關

一孔玄關要路頭，非心非腎最深幽。
膀胱穀道各勞索，脾胃泥丸莫漫搜。
神氣根基常恍惚，虛無窟裏細探求。
原來只是靈明處，養就還丹跨鶴遊。

再求玄關

傀儡當場會點頭，應知總是線來抽。
抽他雖是依人力，使我人抽又孰謀。
原賴主公常月白，期教到處好風流。
煉丹若要尋冬至，須向靈台靜裡求。

總論玄關

身即乾坤莫外求，虛靈一竅最幽深。
二三自許同為侶，一四何妨與共儔。
五土建中司發育，巽風起處定剛柔。
自從識得還元妙，六六宮中春復秋。

鎔鑄神劍

師傳鑄作青蛇法，坤鼎乾爐煅煉成。
非鐵非金生殺氣，無形無影自通靈。
掣來匣外乾坤窄，收入胸中芥子生。
萬兩黃金無覓處，隱然身畔斬妖精。

後天築基

氣敗血衰宜補接，明師新授口中訣。

華池玉液逐時吞，桃塢瓊漿隨日吸。
絕慮忘思赤子心，歸根覆命仙人業。
丹田溫暖返童顏，笑煞頑翁頭似雪。

後天煉己

煉己功夫誰得知，精靈常與我相隨。
一塵不染心俱靜，萬慮皆忘性若癡。
邪賊無由侵內境，學人終日侍嚴師。
饑來解飲長生酒，每日醺醺醉似泥。

煉己得藥

煉己工夫繼築基，心頭萬慮已忘之。
一輪月色相為伴，五夜雷聲獨自知。
雪向靜中飛白點，茆從虛處長黃枝。

奪他陽氣歸來孕，產個千年跨鶴兒。

煉己下手

體隔神交理甚詳，分明下手兩相當。
安爐立鼎尋真汞，對境忘情認舉鄉。
拿住龍頭收紫霧，鑿開虎尾露金光。
真鉛一點吞歸腹，萬物生輝壽命長。

先天鼎器

一從識破鴻濛竅，認得乾坤造化爐。
不用神功調水火，自然靈氣透肌膚。
朝朝黃鶴藏金頂，夜夜銀蟾灌玉壺。
要識金丹端的事，未生身處下工夫。

先天眞鉛

舉世人多好入玄，入玄不識此先天。
五千日內生黃道，三十時辰認黑鉛。
不在乾坤分判後，只於父母未生前。
此般至寶家家有，自是愚人識見偏。

先天大藥

通道金丹理最精，先天一點少人明。
不拘貧富家家有，無論賢愚種種生。
吞向腹中方有孕，將來掌上卻無形。
世人問我難回答，遙指天邊月出庚。

擒捉先天

笑睹神州有妙玄，耳邊切切細相傳。

鑿開混沌尋金汞，劈破鴻濛捉水鉛。
黍米一珠含北海，蟾光萬道照西川。
若人採得吞歸腹，何慮凡夫不作仙。

凝聚先天

識得金丹正好為，元微只向此中奇。
牝門一粒真鉛動，玄戶三家造化基。
凝結丹田生玉葉，送還土釜長瓊芝。
世人欲達先天理，須認紅花頂黑龜。

認藥採取

日紅海底山頭月，靈山會上尋茄色。
花開鳥唱一天春，顛倒龍涎配虎血。
神光射入玉壺田，蜜數坤申子午訣。

刀圭百日大丹成，丹成永做蓬萊客。

直指眞鉛

真鉛本是月中華，西北相生共一家。
雌裏懷雄成至寶，黑中取白見靈芽。
金多水少方為貴，陰盛陽衰未足誇。
更識其間包戊土，時時爐火起丹砂。

直指眞汞

真汞原來日裏精，東三南二自相生。
木中藏火非閑說，雄裏懷雌是寶珍。
莫使一毫陰濁染，須教全體太陽明。
其間已土培元氣，煉得靈芽漸長成。

鉛汞相接

真鉛真汞兩相投，似漆如膠意未休。

以汞投鉛如浴日，將鉛制汞若添油。

鉛調汞性常依傍，汞愛鉛情樂泳游。

內外五行攢簇定，結成赤白大丹頭。

顛倒妙用

尋真訪道有何難，只要人心識倒顛。

休向山林尋至藥，必須城市覓真鉛。

青龍鎖住離交坎，白虎牽回兌入乾。

此術效他行將去，自然有路上青天。

和合丹頭

既生黃道始生荄，必有真陽應候回。

三昧火從離位發，一聲雷自震宮來。
氣神和合養靈質，心命相依結聖胎，
透得裏頭消息子，三關九竅一時開。

三家相見

央請黃婆善做媒，無中生有荷栽培。
卻因姹女當時待，勾引郎君自外來。
兩竅相通無隔礙，中宮聚會不分開。
翕然好合春無限，產個嬰兒號聖胎。

九轉大還

九轉還丹下手功，要知山下出泉蒙。
安爐妙用憑坤土，運火功夫藉巽風。
兌虎震龍才混合，坎男離女更和同。

自從四象歸中後，造化機緘在我躬。

火候細微

年月日時攢一刻，一刻不刻陰陽別。
抽添符候兔雞臨，升降功夫龍虎烈。
慮險防危罷火功，稱銖分兩同爻策，
自然數足合周天，日日如斯行十月。

脫胎神化

丹成我命不由天，陵谷隨他有變遷。
榮辱無干隨處樂，利名不掛逐時顛。
但知壺內乾坤景，誰記人間甲子年。
欲問歸蹤何處是，醉中遙指白雲邊。

面壁九年

九年面壁養神體，默默昏昏如煉己。
無束無拘得自由，隨緣隨分能知止。
心同日月大輝光，我與乾坤為表裏。
打破虛空不等閒，收拾六合一黍米。

換鼎分胎

重安爐鼎立坤乾，巧手移丹入上田。
道德崇高神益邁，虛空粉碎法無邊。
從今易舍還成質，以後分胎又入玄。
兒養孫兮孫養子，老翁老母一齊仙。

轉制通靈

養得玄孫漸長成，強宗勝祖善謀營。

昨宵燈下逢佳偶，今日堂前產俊英。
個個孩兒森玉樹，飄飄仙嗣簇金莖。
一班勝似連城璧，無稅良田只自耕。

九轉靈變

九轉丹砂歲月深，養成舍利鬼神欽。
一爐白雲渾如玉，滿鼎黃芽勝似金。
會見鸞飛和鳳舞，但看虎嘯與龍吟。
五金八石皆成寶，選煉天元拔宅升。

修煉天元

天元丹品問誰知，有自無生世所稀。
天地為爐真造化，陰陽作藥自玄微。
雞餐變鶴青雲去，犬食成龍白晝飛。

到此方稱成妙極，許君攜手一同歸。

瀟灑優游

道人久已泯耳目，瀟灑自如脫拘束。
朝從扶桑日頭起，暮去崑崙雲腳宿。
青牛過關知幾年，此道分明在眼前。
昨夜瑤琴三疊後，一天風冷月娟娟。

了道度人

鐵笛雙吹曉破煙，相逢又隔幾多年。
曾將物外無為事，付在毫端不盡傳。
白髮數莖君已老，青雲幾度我當先。
世間窮究只如此，何若同遊歸洞天。

續金丹詩二十四首

以上三十首為金丹大道詩，此二十四首則續金丹詩，以象二十四氣也。

瀘州廖復盛刊刻訛誤，剿襲沽名，嘗輯古仙詩歌為一部，名曰《醒道雅言》，而於群真姓字，大半不書，欲使未見者，詫為己作，正丰翁所謂詭計慳貪竊道玄者也。今照汪仙真本改正，以復舊觀，庶使好道者，不致為誤耳。

採取先天煉後天，循環二炁共根源。欲知有象原無象，須識初弦與下弦。杳杳乾坤將判處，冥冥父母未生前。服之混沌猶如夢，變化嬰兒壽萬年。

月本無光借日光，每從晦朔定陰陽。蟾烏交媾合真質，牛女相期入

杳茫。自是魂靈應魄聖，從他地久與天長。學人解得玄中妙，紫府高懸姓字香。

七日陽來下鵲橋，上橋夫婦任逍遙。逆回海水流天谷，倒轉風帆運斗杓。手握乾坤分造化，時憑年月步周遭。神仙手段常如此，那與庸夫鬥舌苗。

槖籥吹噓借巽風，搬來坤火自鴻濛。徐徐攝上崑崙頂，漸漸吞回土釜宮。鉛汞相投成至寶，精神凝合變嬰童。將來跳出乾坤外，不屬璇璣造化中。

安爐立鼎煉金丹，水怕乾兮火怕寒。既未煆時常守護，屯蒙行處要勤看。抽鉛添汞須加緊，慮險防危莫放寬。毫髮差殊功不就，半途而廢復行難。

龍升虎降轉河車，赤火擒來制白砂。二炁凝胎鉛自減，三花聚頂汞

還加。開爐漫攬成鐘乳，起鼎應知是馬牙。兩物齊拿休縱放，放之失卻美金花。

採回坤地水金多，種在乾家入愛河。陽火陰符依進退，鉛龍汞虎自調和。漿收東位成甘露，酒飲西方醉綺羅。但要至誠勤愛護，胎圓十月化青娥。

奪得乾坤一點精，陰陽交媾自然成。夫妻會合攢三姓，戊己交加簇五行。朔望屯蒙雞兔躍，晦玄既未虎龍爭。地天收在玄關內，運轉河車霹靂聲。

身中水火即陰陽，二氣相孚化紫光。日日醍醐延命酒，時時吞咽返魂漿。玄機不許庸人識，大藥須令志士嘗。九轉功完還太始，坤柔煉盡變乾剛。

火性炎炎水性流，河車搬運自然周。崑崙片玉原無價，滄海明珠竟

暗投。三昧初從離下發，一符始自坎中浮。自家消息誰能會，莫向人前插話頭。

修仙須要修天仙，金液神丹仔細看。添在離宮抽在坎，寄於兌位種於乾。死生了當非神氣，性命功夫在汞鉛。世上紛紛談道者，幾人於此達真詮？

煉已尋真固不難，先擒兔髓配烏肝。牽龍就虎歸根竅，制汞投鉛復命關。金氣往來通夾脊，河車搬運上泥丸。夫妻共入黃婆舍，火候調停自結丹。

闔闢乾坤橐籥形，屯蒙呼吸坎離精。鼎和四象真鉛降，爐備三才妙汞生。一有兩無同變化，兩無一有共相成。時人要識玄中妙，配合青娥仔細論。

中宮戊己自知音，二物媒來共一心。姹女用吹無孔笛，金公為抱沒

弦琴。深深密密誰能測，杳杳冥冥孰解尋。指日還丹成就後，總教大地盡黃金。

溫溫鉛鼎透簾幃，認定人身活子時。虎嘯一聲忙採取，龍吟初敕急施為。守城野戰天翻地，入室防危坎復離。奪得團團龜鳳髓，請君服食赴瑤池。

入室虛心煉大丹，神功妙用不為難。能窺天巧參元氣，解飲刀圭奪紫丸。朔望符來三姓合，晦玄火退五攢行。羿妃縱會奔蟾窟，爭似青娥駕彩鸞。

木中砂汞水中金，漫向離宮坎位尋。只就乾坤分主客，還依龍虎定浮沉。故能金木成三姓，遂使夫妻共一心。庭院歸來相聚會，黃婆媒妁是知音。

真爐真鼎發真機，採藥須憑亥盡時。鉛母氤氳光欲動，金胎跳躍火

臨期。休忘氣候調真息，但守虛無運坎離。臨陣莫教輕縱敵，兢兢業業更防危。

十月功完造化堅，若加火候必傷丹。仙房氣血渾忘卻，寶鼎金爐不用看。面壁九年形脫殼，身超三界體生翰。只緣黍米吞歸腹，行滿功成跨鳳鸞。

上吞下啖兩弦弦，逐節堤防入玉田。往往來來賓返主，夫夫婦婦倒和顛。結丹已喜嬰兒兆，出殼皆憑聖母全。遠近遨遊看四正，東西南北任周旋。

韜光晦跡隱紅塵，有作誰知妙更真。伏虎降龍須混俗，超凡入聖乃驚人。深深秘秘修丹道，白白明明顯至神。《藥境》玄機俱泄盡，古今由此達天津。

《金碧》《參同》及《指玄》，《翠虛》性命與忠仙。《陰符》寶

字逾三百，道德靈文貫五千。《入藥》境中推橐籥，《悟真篇》內究蹄筌。金丹切近叮嚀語，總論前弦與後弦。

火候功夫本自然，能通此妙即神仙。五行攢簇盜天地。八卦循環作聖賢。造化爐中烹日月，乾坤鼎內產金蓮。有人識得玄微理，隨我飛升朝帝前。

虔誠稽首拜星君，頂禮星辰護本身。二十八宿齊朗曜，三百六度盡分陳。上聖能攢年月日，中宮保合氣精神。照臨應許增年壽，掩映還同二曜新。

大丹詩八首書武當道室示諸弟子

學道修真出世塵，遨遊雲水樂天真。身中靈藥非金石，腹內神砂豈水銀。採煉功夫依日月，烹煎火候配庚辛。黃婆媒嫂三家合，飲酒觀花

遍地春。

採聚他家一味鉛，捉精煉氣補先天。前弦八兩後弦八，內藥還時外藥還。紫府玄宮垂寶露，黃芽白雪化金蟾。神仙妙用常如此，火裏能栽九節蓮。

初關中關與後關，下田中田與上田。層次原來分井井，火功須要法乾乾。室窗透亮三更到，晝夜通紅九鼎全。文武陰陽勤轉煉，闢開萬竅好朝天。

身內功夫我自知，天機玄妙有誰窺。初尋龍虎來爭戰，又見龜蛇喜唱隨。天地倒顛觀否泰，火符起止在虛危。南辰北斗映前後，日月烏蟾來往飛。

修真大道乾坤祖，採取陰陽造化功。要制天魂生白虎，須擒地魄產青龍。運回至寶歸中舍，變化陽神入上宮。一炁凝成丹一粒，人能吞服貌如童。

道法旁門有萬千，不知火候總徒然。先窮妙理將真悟，後拜明師把訣傳。欲使三家情意合，只憑一點道心堅。朝朝鍛鍊精神炁，結就真神上九天。

尋真要識虛無竅，功夫只在意所到。往來順逆煉陰陽，升降坎離在顛倒。恍恍惚惚太極生，杳杳冥冥嬰兒兆。出玄入牝由自然，若忘若存守壇灶。

知先達後煉金丹，火冷水乾做不全。上德無為成至聖，下功有作在周天。一陽動處窺天地，二品合時生佛仙。月裏栽花無片晌，蟾光現出照西川。

無根樹道情二十四首

無根樹者，指人身之沿氣也。丹家於虛無境內，養出根株，先天後天，都自無中生有，故曰「說到無根卻有根」也。煉後天者，須要入無求有，然後以有投無。煉先天者，又要以有入無，然後自無返有。修煉根蒂，如是而已。二十四首，皆勸人無根樹下，細玩仙花，其藥物氣候栽接採取之妙，備載其中。

此道情之不朽者也。

無根樹，花正幽，貪戀紅塵誰肯修。浮生事，苦海舟，蕩去飄來不自由。無邊無岸難泊繫，常在魚龍險處游。肯回首，是岸頭，莫待風波壞了舟。

無根樹，花正微，樹老將新接嫩枝。桃寄柳，桑接梟，傳與修真作樣兒。自古神仙栽接法，人老原來有藥醫。訪明師，問方兒，下手速修猶太遲。

無根樹，花正青，花酒神仙古到今。煙花寨，酒肉林，不犯葷腥不犯淫。犯淫喪失長生寶，酒肉穿腸道在心。打開門，說與君，無酒無花道不成。

無根樹，花正孤，借問陰陽得類無。雌雞卵，難抱雛，肯了陰陽造化爐。女子無夫為怨女，男子無妻是曠夫。歎迷徒，太模糊，靜坐孤修氣轉枯。

無根樹，花正偏，離了陰陽道不全。金隔木，汞隔鉛，陽寡陰孤各一邊。世上陰陽男配女，子子孫孫代代傳。順為凡，逆為仙，只在中間顛倒顛。

無根樹，花正新，產在坤方坤是人。摘花戴，採花心，花蕊層層豔麗春。時人不達花中理，一訣天機值萬金。借花名，作花身，句句《敲爻》說得真。

無根樹，花正繁，美貌嬌容似粉團。防猿馬，劣更頑，掛起娘生鐵面顏。提出青龍真寶劍，摘盡牆頭朵朵鮮。趁風帆，滿載還，怎肯空行到寶山。

無根樹，花正飛，卸了重開有定期。鉛花現，癸盡時，依舊西園花滿枝。對月才經收拾去，又向朝陽補衲衣。這玄微，世罕知，須共神仙仔細推。

無根樹，花正開，偃月爐中摘下來。延年壽，減病災，好結良朋備法財。從茲可成天上寶，一任群迷笑我呆。勸賢才，休賣乖，不遇明師莫強猜。

無根樹，花正圓，結果收成滋味全。如朱橘，似彈丸，護守堤防莫

放閑。學些草木收頭法，復命歸根返本元。選靈地，結道庵，會合先天了大還。

無根樹，花正亭，說到無根卻有根。三才竅，二五精，天地交時萬物生。日月交時寒暑順，男女交時妊始成。甚分明，說與君，只恐相逢認不真。

無根樹，花正佳，對景忘情玩月華。金精旺，耀眼花，莫在園中錯揀瓜。五金八石皆為假，萬草千方總是差。金蝦蟆，玉老鴉，認得真鉛是作家。

無根樹，花正多，遍地開時隔愛河。難攀折，怎奈何，步步行行龍虎窩。採得黃花歸洞去，紫府題名永不磨。笑呵呵，白雲阿，準備天梯上大羅。

無根樹，花正香，鉛鼎溫溫現寶光。金橋上，望曲江，月裏分明見太陽。吞服烏肝並兔髓，換盡塵埃舊肚腸。名利場，恩愛鄉，再不回頭空自忙。

無根樹，花正鮮，符火相煎汞與鉛。臨爐際，景現前，採取全憑渡法船。匠手高強牢把舵，一任洪波海底翻。過三關，透泥丸，早把通身九竅穿。

無根樹，花正濃，認取真鉛正祖宗。精炁神，一鼎烹，女轉成男老變童。欲向西方擒白虎，先往東家伏青龍。類相同，好用功，外藥通時內藥通。

無根樹，花正嬌，天應星兮地應潮。屠龍劍，縛虎絛，運轉天罡斡斗杓。煆煉一爐真日月，掃盡三千六百條。步雲霄，任逍遙，罪垢凡塵一筆消。

無根樹，花正高，海浪滔天月弄潮。銀河路，透九霄，槎影橫空泊

斗梢。摸著織女支機石，踏遍牛郎駕鵲橋。遇仙曹，膽氣豪，盜得瑤池王母桃。

無根樹，花正雙，龍虎登場戰一場。鉛投汞，陰配陽，法象玄珠無價償。此是家園真種子，返老還童壽命長。上天堂，極樂方，免得輪迴見閻王。

無根樹，花正奇，月裡栽培片晌時。拿雲手，步雲梯，採取先天第一枝。飲酒帶花神氣爽，笑煞仙翁醉似泥。託心知，謹護持，唯恐爐中先候飛。

無根樹，花正黃，產在中央戊己鄉。東家女，西家郎，配合夫妻入洞房。黃婆勸飲醍醐酒，每日醺蒸醉一場。這仙方，返魂漿，起死回生是藥王。

無根樹，花正明，月魄天心逼日魂。金烏髓，玉兔精，二物擒來一處烹。陽火陰符分子午，沐浴加臨卯酉門。守黃庭，養谷神，男子懷胎笑煞人。

無根樹，花正紅，摘盡紅花一樹空。空即色，色即空，識透真空在色中。了了真空色相滅，法相長存不落空。號圓通，稱大雄，九祖超升上九重。

無根樹，花正無，無影無形難畫圖。無名姓，卻聽呼，擒入中間造化爐。運起周天三昧火，煅煉真空返太無。謁仙都，受天符，才是男兒大丈夫。

四時道情

春色可人可人，桃杏花開滿眼新。山園風物嫩，看來到也無憂悶。仙喜的是洞府去遊春，子晉先生吹玉笙，玉笙吹與知音聽。俺則道閑來

時，焚一炷香，撫一曲琴。

夏賞荷池荷池，兩個鴛鴦水面飛。擺列成雙對，清風明月閒遊戲。仙喜的是呂祖遇鍾離，二翁留下長生地，終南山上乘雲去。俺則道閑來時，焚一炷香，下一盤棋。

秋景雲疏雲疏，遠岫蒼黃木葉枯。夜看銀河布，牛郎到把織女度。仙喜的是賣卜隱成都，君平先生挈玉壺，日得百錢把酒沽。俺則道閑來時，焚一炷香，看一卷書。

冬景雪飛雪飛，萬里關山似玉堆。和靖掩爐睡，天寒鶴守孤山內。仙喜的是湘子度文公，屢勸回頭不肯回，藍關路上才相會。俺則道閑來時，焚一炷香，畫一樹梅。

道情四首，乃吾隱終南時作以自唱者，其體帶竹枝，節節硬逗看似不接，其妙正在不接之接也。（自記）

卷六　水石閒談

閒談

張子曰：世人謂讀書十年，養氣十年，他把讀書養氣分為兩節事件，便不是聖賢學問。夫讀書所以研理，養氣所以煉性，性理功夫，就在讀書養氣並行不悖之中。宣聖云：「學而時習之」，此便是研煉性理，純一不已處。

張子曰：陶淵明北窗高臥，自謂羲皇上人，此便是他清風峻節守志前朝氣象。特其出語高超，而人不覺耳。

張子曰：道人願士子早完功名之願，盡乎人事，即時撒手。人能功

成勇退，便為得時。所患者，溺入功名場中，戀戀不休，則愚人也。

張子曰：涵養中有大學問，和平處有真性情。諸子須要容人之所不能容，忍人之所不能忍，則心修愈靜，性大愈純。

張子曰：功名無大小，總要及時進退。何以能知其時？凡於功名中，平心一想曰：「吾之功名，不過止於是也。」即止之，便可得其時也。抑或有不盡頭處，然寧不及，毋求太過。淮陰侯不如子房公，元微之不如白香山，皆其求盡之心蔽之也。向使子房香山亦有求進之心，則子房固不難再列台輔，香山亦可轉升宰相，然安知其終不與淮陰、微之同一鮮終而已哉？故知進退者，乃能稱為哲人。

張子喟然歎曰：茫茫歲序，逐景漂流，吾見人寰中，求名求利之輩，轉瞬而拾青紫，數歲而擁豐資者，千百人中，不數人。即有其人，高爵大權，難壓閻羅尊者；黃金白玉，難買無常不臨。又或有居富而壽、居貴而安者，終歸白楊墓下，秋風蕭蕭，涼氣慘人，其子孫不肖，又看轉眼荒涼，有何益也！況乎大富大貴，聚富驟貴，多畏人妄加橫逆，謾罵指摘，倘或不行善事，被人詛咒，有隨口而凋零，有隨口而窮困者，人人快意，個個歡心，其實天報昭彰，非人口之轉移也。人能看得破，撒得開，自然不羨人富，不羨人貴，求吾安命之理，守我修真之道。人競囂囂，我獨默默，人皆煩惱，我獨清涼，又安問人之達與不達、窮與不窮，為旁觀之不平也哉！

張子曰：人壽一事，上人有定，下人有定，中人無定。中人少善少惡，天欲延之不可，天欲迫之又不可，於是任他自生自死於其中。保則生，不保則死，故修身尚焉；修身而兼以積功累行，以企於長生久視者尚焉。若下等人多過多惡，即修身亦不得長生，如其身上之精氣，而削之，剝之，死之，罰之而已矣。上等則不然，以上等而修長生，長生可

證也。即不願修長生，然其正氣撐空，亦得聯班神道，否則轉投人世，亦必生入仁善之家，天理若此，有何難曉哉。

張子曰：自古忠貞節烈，殺身成仁之時，便有七返還丹景象。當其一心不動，一志不分，浩然之氣，立其中而生其正，任他刀鋸鼎鑊，都視為妖魔試我，毫不動搖。我只收留義氣，聚而不散，凝而至堅，火候至此，則英雄之光氣，亙萬年而不滅也。仙家入室臨爐，就要有此手段。

張子曰：人當親在，須要及時盡孝為佳，否則親容一去，因時追感傷情，有不可言者。今日當秋，山林中有守制者，聽吾道來：「又是秋商露滿林，碧雲天外望親心。黃蘆白草霜中老，淚灑泉台幾尺深？」試誦此詩，能弗慘然。

張子曰：人於孝道務宜各盡天良，不能一樣，卻是一樣同歸於

「孝」字中，乃可。欲免門閭之望，就宜歸家奉養；欲求顯揚之義，就宜矢志皇路；欲要保身為孝，就宜寡欲清心。徒托空談，無益也。二三子顯揚未能，歸家時少，倒不如寡欲清心，體曾孟兩賢之訓為善也。若不清心寡欲，只是妄想名而名不成，妄想利而利不就，妄想一切而一切不可得，形神憔悴，父母之顏狀未衰，人子已有老憊之態，是欲言孝，而孝亦不久，反令父母惟其疾之憂，多遠遊之慮。不幸而人子一死，反添父母傷悲，反使父母埋葬。由此思之，孝在何處？不將為畢世之罪人也乎？吾道以清心寡欲為本，實屬保身之方，再加以色和顏順，身敬文誠，則於孝有得矣。

張子曰：儒生作茂才後，多落處館一派。須知就館穀以奉養，亦儒家之方便門也。然孔孟貽後人以詩書，原不教人漁利，至後世而有此脩金之事，則即此物以奉親，正所謂小用小效者耳。然不可貪心無厭，為

子孫作安閒之計，以詩書為利藪，乃不為聖賢之罪人也。

張子曰：人欲盡忠孝立大節，必先要清心養氣，若無真心真氣，必不能盡忠孝，立大節也。蓋忠孝者，本乎真心，大節者，原乎真氣。欲得真心真氣，又當以靜為主，乃能存得起真心，養得起真氣。

張子曰：人要尋內快活，勿尋外快活。孔子之樂在其中，內快活也。若徒願乎其外，是欲求外快活，而反生其煩惱也。

張子曰：儒生家多得泄精症者，雖緣心火不純，亦因徹夜談笑，永夜讀書，引丹田之氣，盡縱於口角之間，致使精失其伴，遂有此泄精症耳。善保身者，談笑宜少，讀書宜和。

有一後生得慵軟之病，張子曰：「汝宜趁此冬晴，運小石，砌小塢，擔山鋤，刪枯草，未餒則止。日日如此，悠悠運動，若園丁然，則通身氣血，活而不滯也。」

張子曰：豪傑之士，做好人行好事，只求其心之所安，並不存借善邀福之念。明明上帝，只有福善禍淫之道，以待常人，而不舉以待豪傑也。夫為善而得福，豪傑之所宜有，而非豪傑之所盡有。顧其轟轟烈烈，善作善為，以留於天壤，而千載不蔽，其神食馨香於冥漠者，亦何莫非天之所以報豪傑也。吾看古來忠臣孝子、義士仁人，夭折患難之間，而慨然也，而恍然也。

張子曰：讀書立品，儒者急務，而保身之道，包立品於其中。保身者，必去驕奢淫佚，掃蕩邪行，故保身可包立品也。夫保身之道，自曾子傳之，至孟子而光大其說。養心寡欲，持志守氣，此保身之圭臬也，而修真之道，即以此為正法門。但人心蒙蔽，聞保身而以為常談，聞修真而以為奇異，欲求知修真悟道者，已難之矣。

張子曰：一日無孔孟之學，天下無好人；一日無莊老之學，英雄無退步。

王居士云：以茹素為除葷。張子曰：葷與素不同也，道家戒五葷，方書謂蔥蒜韭蒜蕓薹，此五者辛臭散氣，故字從草軍，猶言草中之兵，並主克伐者也，養氣者忌之。釋家重茹素，以其戒殺放生，故凡畜類之肉，皆屏而不食。世人以朔望等日茹素，而平時仍嗜肥甘，素猶不素也。吾為茹素除葷者計，曰善口不如善心，體君子遠庖之訓可也。養氣即能養腹，遵至人臭味之戒可也。

張子謂忍辱、受辱二道士曰：凡人外營亦必內營，內修醇厚，外福亦加。忙中偷得一分閑，即得一分調養，靜裏讀得一日書，即得一日好處。若只向外邊奔馳，則刊落本原，愈見其薄矣。

張子謂卓菴曰：保身以安心養腎為主，心能安，則離火不外熒；腎能養，則坎水不外湍。火不外熒，必無神搖之病，而心愈安。水不外

湔，必無精泄之患，而腎愈澄。腎澄則命火不上沖，心安則神火能下照，精神交凝，結為胎息，可以卻病，可以延年。

三月三日，山中諸子，浴乎錦水之湄，風乎青林之下，聽子歸啼。忽有木葉墜地，摺疊如函，啟視之，則有如魚子蘭者，封裹其內。問之土人，曰杜宇珠也。問有何用，曰弗知也。適張子戴笠逍遙而來，與二三子言曰：汝欲知杜宇珠之故乎？蜀王入山之後，蜀人思之，故王命子歸賜蜀民以珠。子歸者，蜀王之鳥使，原名謝豹。王曰：「子歸吾國，慰我人民。」故謝豹又名謝報，杜宇命之報謝。云其珠或赤或黃或青或紫，五色無定，可辟人家鬼祟。遇鬼祟者，暗舉此珠投之即散，但不可令人知覺。默念「蜀王蜀王，珠配珠光，投鬼鬼去，殺鬼鬼亡。我持靈珠，作作生芒，無陰不盡，陰盡回陽。吾奉九天元師命，急急如律令敕。」又云以珠之多少，卜年之豐歉，甚靈。

張子曰：人當靜養身體，素位而行，隨遇而安，則心性和平，神氣沖淡。

張子謂受辱曰：汝教小子，須嚴約束，否則性氣一壞，長大來，汝又恨他，是自愛之而自棄之也。

張子偕雲石卓菴輩，冬寒時節，走亂山中遇見鬼語，啾啾問之土神，則皆人之祖靈父魂，陰森肅殺，墳墓蕭條，棺槨頹壞，衣冠骸體俱受寒侵。憐之者能無骨悚心酸？此古人所以有省墓送寒衣之事也。

張子謂山中人曰：夏日宜早起用功，日出後覓微涼處，收心靜坐，切勿向日中大熱時去睡。睡而不昏猶可，睡而昏者，精液化汗而出，可惜可惜。

張子曰；吾昨遊兩界山，見有老嫗坐崖而笑，笑已又哭，心異為妖狐，既乃落崖而斃。趨前視之已為雷擊，蓋千年狸狐也。吾不知其何為，詢之火車靈官云：「曾食人，故擊之耳。」夫兩界山，當青天白日之地，尚有此物，況深僻荒崖哉？張子喟然曰：世人朝夕奔波，總云不得已。其實有何不得已，唯心中有不得已，故嘗言不得已耳。且今不得已，而將來必已，老矣死矣，此之謂已，何不得已之有哉！諸子有明，哲知幾者，從此已之。

張子謂調理勞瘵者曰：夫人治病要心靜，要和平，要心緩，不可希圖速效。服藥不加病，即是速效，然後一日微好，二日微好，三日漸好，雖屬遲緩，比那逐日添病，轉眼即亡者，又不啻有天淵之隔。

張子遊嶽雲之上，止吟風之館，而與諸生言曰：今日山清人靜，心遠地偏，洵是難得風景，諸子各賦新詩，再命涵虛子，一彈再鼓，以助吟興，不亦樂乎？人即不能鼓琴，亦須善學聽琴，以消其一切涴涴濁濁之私欲，糊糊塗塗之妄想。靜聽琴音，如遊太古，聲籟俱沉，曠然遐

思，超然絕俗。冷然喜，悠然深，如我亦在鼓琴之間，忘乎塵事，與虞周相遇，與孔孟相見，伯牙、子期又其後焉，乃為上等幽人，否則俗人耳、淺人耳，何足共居！吾極愛此金秋之氣，至清至肅，安得提一壺酒、一張琴、一枝笛，登陟乎高峰之頂，笑玩大地山河，煙濛濛，雲淡淡，看日曖曖。之村墟，波渺渺之長川。彼時笛聲起乎林梢，琴聲發乎石上，酒氣通乎紅泉碧嶂之間，山禽自鳴，空翠灑落，真快事也，不知諸子亦有此興趣否？

張子謂老年道士曰：汝輩到今日年紀，須要死心塌地做功夫，俗事以「莫管他」三字為主，則萬念冰消。凡人身上皆有竅，竅中皆有生氣，若無生氣，安能保護形軀？只是有氣發生，而人不知靜察耳。今為汝說八句閒話，以當暮鼓晨鐘：「人要懂點竅，知點幾，留點神，下點氣，你便想得穿，看得破，做得事，成得人。」此談無心之談，即是汝

等當用心學問。定為心，靜為神，雖有竅而心不定於其中，何從知幾乎？

張子謂山居道流曰：回翁招人問道，其中有無限婆心，在人固恐難成，此千古學問之同病。然而沖天有志，道亦不阻英雄也。人怕軟弱不振，若打起精神，祖師亦必默助。

張子謂山中隱者曰：人在山中稱隱，須要知山林之樂。夫山林之樂，又不在乎山林也，在有以樂乎山林者，而後山林助其樂。與山林相安於空空靜靜、幽幽雅雅、淡淡恬恬之中，此之謂能樂山林之樂者也。

張子曰：人要立刻能閑，乃為高手。若云且慢，待我摒擋數日，然後來緩緩尋究，此便是庸夫口角，愚人心腸。

張子謂圓陽子曰：子能割恩愛，撒紅塵，今日可定汝終身矣。以後平平蕩蕩，永無危險，人生至此樂哉！好天氣，好山水，好亭台，好朋友，好風景，從今日起，從今日受，從今日領悟，可也。

張子曰：仙家地理，須合丹道同悟。即如圓陽子怡雲山莊，住宅一區，坐落在兩山之間，不吞不吐若開若合，用倚粘之法，結平安之宅，真乃黃庭下、關元上之大中極也。此等天機，何人知道！

張子曰：山靜恰宜談至道，心清雅愛藝名香，此當前妙景也。吾偶拈此二語，圓陽為我續之。

張子謂道流曰：人要在家出家，在塵出塵，在事不留事，在物不戀物，方是道家種子。不必拘於無事，亦不泥於想事也。

張子戴涼葉斗篷，逍遙雲外，一日聞踏歌之聲，自煙中來，諸生聽之，蓋傷大道之難傳，黃冠之徒混日月也。其歌云：光陰快快，學道遲遲，流水空山，獨步尋思。只怕眼前光景，霎時間，喉中氣斷，夢夢無知。縱生前夢夢無知。醒來後尚有那走肉行屍。怕只怕無常到了，骨冷堪悲，那會兒劫劫輪迴，全然不曉得雨打花枝。

張子以韓仙漁鼓，按節傳情，唱《塵海蒼涼之曲》，曰：飛龍子，在天遊，開口不離忠孝，往來盡是瀛洲。欲傳道，把人求，歎因緣處處不偶，歎人生幾個回頭。風前燭，水上舟，容易熄，往下流，勢利家園誰個久，兒孫交好盡成仇。轉眼便落無常手，荒煙蔓草埋髑髏，樵人伐木往來走，牧童磨壞碑石頭。問野人此是誰家墓，道幾句不知不知，鬼淚啾啾。噫嘻乎，騎鶴仙人歸去休。

張子出清微天界，入淡遠山中，弟子數人，烹泉款洽。先生曰：吾今以《混元仙曲》戲贈圓陽，眾生為我歌之，添做林泉佳話也。是時李山樵敲喚龜之竹，楊居士推招鳳之琴，劉野人按行雲之板，遂為先生唱曰：「圓陽道士真遊戲，訪道拋官如敝屣，八年失耦夢孤棲，夜涼鐵枕寒鴛被。看容顏，白了髭鬢，論年華，猶餘生意。我勸你，早覓黃婆，

娶個嬌妻。男下女，顛倒坎離；雄做雌，調和神氣。天臺仙子的溫柔婿，張果老兒的美麗妻。美麗妻，溫柔婿，洞房中不知天地，性情交感，命共眉齊。渾渾淪淪，那時才見你真心，恍恍惚惚，那時才見你真意，這道情，是你初步仙梯，笑呵呵，傳與你，三丰道人走筆題。」曲終見亭前月白，樓外天青，環坐石壇，相視而笑。

詩談

張子曰：《書》曰「詩言志」，註曰「在心為志，發言為詩」，是知志也者，乃人心中之靈性。詩者，特靈性之流露也。神仙七返九還，煉此虛靈妙性，以成萬古不死之谷神，見於日月光氣之外，則有象，隱於日月光氣之中，則無形。神之所至，發為詩。歌詩不同，靈性有各異也。吾嘗與諸仙往來曠野，出沒煙霞，每見群真妙句，輒心記而筆存

之，以入於《水石閒談》之類。

呂翁詩提筆甚高，發聲最朗，遊行之句，美不勝收，今錄數首，以見先生靈性，不與人同也。《七夕游嶽雲仙院》云：「始罷緱山宴，重來古寺遊。疏風梧葉院，細雨荳花秋。遠嶂雲初斂，長天霧乍收。新涼今若此，玉笛倚高樓。」《過武昌城樓》云：武昌城郭故依然，楚國人家近水邊。檻外大江淘日夜，閣中長劍倚雲天。詞人坐嘯南樓月，漁父歌迴四塞煙。吹笛老翁閑更甚，朗吟一曲響千年。」《同韓清夫遊匡廬》六絕句云：「雲外廬山九疊青，閑窗對嶂讀黃庭。個中有景何人識，抛卷翻身入翠屏。」「雨後新篁綠浸人，徑趨深處避紅塵。韓笙呂笛雙雙度，一樣仙音兩化身。」「陶然何處不陶然，在地逍遙似在天。瀑布倒流三百丈，一時清氣滿崖邊。」「信口歌成信手題，剔殘苔蘚翠高低。忽聞梵鼓來煙際，林木蔥蘢過虎溪。」「一字詩成一字飛，天邊

黃鶴載余歸。堂前有客難留我，心似閑雲入翠微。」「喚起眠龍出海門，須臾天際雨翻盆。長空寶劍又飛去，請看東南樹影昏。」俱清朗可愛。

性靈與回翁相近者，莫如韓清夫先生。有《閑吟》一首云：「靜抱沒弦琴，細吹無孔笛。一彈天地清，一吹天地闊。一吹再一彈，都是神仙曲。」《和呂祖》云：「虎在門前鶴在盧，瑤笙宛轉笛相如。我來不是雲山客，湘水之流曲折書。」語皆雄闊。藍采和自號長嘯先生，有《答人問仙居》絕句云：「踏踏歌殘便上升，嶽山長嘯古先生。問余近日居何處，天上神仙住玉京。」

嘗見韓藍曹何《關中踏歌》聯句云：「乾坤若大似瓊壺，拍板閑吟一丈夫。風雨長安春已暮，落花滿地步于于。」真得把袂逍遙，一唱三歎之樂。

崑崙麻姑自號碧城仙子，其詩以風姿勝人，有題《岳雲壇》三絕句云：「跨鳳驂鸞下石城，笑看雲外月光清。崑崙萬里天風送，搖曳瓊環玉佩聲；足履青雲過海山，瑤笙在手意閑閑。雲中現出金霞帔，一路輕吟到此間；岳雲壇上訪回翁，子弟兩三敲道侗。風聲蕩漾雲聲細，樓閣明燈照夜紅。」又有《步虛》三首云：「我本崑崙女散仙，曾看海水變桑田。神通八極閒遊戲，環佩聲搖碧落邊。」「髻頭高插羨金華，拜別西池阿母家。嫋嫋天風吹袖帶，步虛全仗紫雲車。」「醞釀長生酒不難，只憑手內有靈丹。阿儂本是天仙子，醉共嫦娥宿廣寒。」

碧城仙姑嘗師貌姑神人，一日，師徒步虛，降錦江亭上，神人題詞云：「看江潮，勢蒼莽，搖得山雲淡蕩。隔河燈影有無中，一幅新詞來筆上。意徘徊，開野望，這亭兒，甚清爽。」姑和之云：「水茫茫，山莽莽，山水軒前浩蕩。雨餘蛙鼓鬧堂堂，一路潮聲月初上。月中來，雲

邊望，晚風涼，意清爽。」

清逸仙人，在唐稱詩中大家，性靈飄逸，嘗降於世。其《修禊節降雙清閣》云：「讀書邁千古，攜劍干諸侯。瑣瑣不中意，大醉隱糟邱。黃唐原不遠，秦漢如急流。忽忽眼前事，渾然無所愁。青山行吟老，頗愛謝宣樓。題詞十萬首，付與天地留。我自有真宰，浩乎歸瀛洲。今日談修禊，茫茫付一歐。海仙執簡召，隨風過十州。東行三神山，群真同遨遊。一飲五千斗，撐腸文字流。無何有之鄉，長嘯去海頭。」《洞天歌》云：「海山尋靈藥，靈藥不自海山求。乾坤運橐籥，橐籥不是乾坤講。金丹原是吾家物，神仙都要英雄作。夜來飲酒王母前，云道蟠桃今已熟。太白長嘯安期歌，一時群仙莫我何。吾將跨虯遊六合，虛空寥寥無雪跡。大風自北來，吹起寒雲疊疊開。安得酒如雨，從空飲之無盡取。安得酒如泉，坐地飲之眼朝天。狂吟拍手聳方肩，問我何人李青蓮。」

東坡先生，仙才與太白並峙，乘風嘯月，靈性長存。有《江南送秋》詩云：「片片秋雲遠，茫茫秋水多。青山紅樹外，征雁渺關河。薊北寒愈峭，江南氣已和。小陽春甫到，迎送兩相過。」《題韓清夫小像》云：「御殿承香吏，分胎吏部家。閒心忘富貴，總角趣煙霞。缽種長生果，園栽不老花。八仙同壽考，萬劫抱丹砂。首叩藍關馬，胸藏赤火鴉。千秋賢叔侄，儒道兩無涯。」《自題笠屐圖》云：「山人故態本狂奴，醉寫田間笠屐圖。好句有時堪作畫，閒心無日不提壺。樓頭賞月邀禪客，谷口銜煙訪釣徒。自去自來隨自得，一聲長嘯入林樞。」《過東峰》云：「不到東峰久，江山仍似前。芭蕉落滿地，雪意好參禪。」《遊湖口占》二首云：「細細疏煙瑟瑟波，水心亭外畫船多。瑤笙十里誰家舫，聽得紅兒唱棹歌。」「風斜雨細葛衫輕，三兩銀刀出水明。我愛芰荷香不斷，竹西深處有人行。」《詠磨刀雨》云：「荊州灑遍雨如膏，竟為英雄礪寶刀。最是武昌城下水，千秋嗚咽捲雷濤。」《詠白菜》云：「清於雪水白於霜，老圃天寒一味香。卻笑山僧長茹素，和脂煮出不能嘗。」《自贈》云：「平生不做愁眉事，今日東坡做散仙。解向江山留勝蹟，長將姓字掛雲煙。」《遊清道心山房六言》云：「氣慧神清道在，山空人靜琴幽。一榻茶煙嫋嫋，三分酒意悠悠。」又《些些語》詞云：「清陰繞繞，落花窗外鳥聲小，鳥聲小，修竹一枝斜處好。翠羽嚶嚶啼徹曉，剛眠一覺。」清麗綿芊之筆，不減當年靈性，非真仙不能也。

邵堯夫，儒仙也，嘗見其顯化士林，作《觀易吟》云：「庖犧大聖人，畫卦傳萬古。陰陽變化機，乾坤為易祖。吾隱安樂窩，天地乃同伍。窺破聖賢心，恬淡自得所。」渾渾灝灝，置之《擊壤》篇中，仍然

無異。

白玉蟾，仙家才子也，名山碑版，留詠甚多，每遇高人逸士，必贈以詩，其《題居易堂》云：「林下風瀟瀟，窗前竹密密。難得素心人，共話新秋夕。把酒醉芭堂，焚香讀周易。瓊山到此來，賓主興無極。」又《贈圓陽山人》云：「歸山隱跡話長生，日逐閑雲自在行。處處回光來返照，朝朝對境要忘情。掃除塵土勞人夢，署起乾坤散客名。莫道幽居研煉苦，遊心冥漠自空清。」

張紫瓊，饒州人也。元初得道，詩多秀勁之作，《自贈六言》云：「心如雪夜鐘聲，貌似雪天梅格。白雲深處閑行，那識仙家曠逸。」《詠胎息》云：「非助非忘妙吸呼，修行要解這功夫。調停二炁生胎息，再向中間設鼎爐。」

邱長春《清秋過岳雲樓》云：「浩浩天風吹滿樓，峰中雲氣湧林邱。雨聲響處？簷鈴雜，方丈蕭然一院秋。」饒有俊逸之致。

張紫陽《自壽詩》云：「海籌萬古計芳辰，得道年來八百春。分個孩兒騎鶴去，虛空粉碎見全身。」非上真不能也。

希夷老祖，元氣渾淪，有《答人問姓》五絕云：「一氣陶今古，陰陽造化奇。問今名與姓，睡漢老希夷。」

吾師火龍先生，不甚喜作詩，以其淡於名譽也。今記其《偶吟》一絕云：「道號偶同鄭火龍，姓名隱在太虛中。自從度得三丰後，歸到蓬萊弱水東。」

飛霞仙子，余十舍女也，服神丹飛空。嘗降雲南紫霄觀，留題一絕，款落「飛霞」而去，詩云：「久住瑤池碧玉樓，忽乘彩鶴下靈邱。世人欲問飛霞姓，曾抱金丹侍沐侯。」

陸潛虛，淮海人也，嘉靖中遇呂祖得道，平生著述甚富，有《老子

元覽》二卷、《陰符經測疏》一卷、《參同契測疏》一卷、《金丹就正篇》一卷、《紫陽四百字測疏》一卷、《方壺外史》八卷、《南華副墨》八卷。近日同門中有白白子者，註《道德經》，名《東來正義》，潛虛題之云：「一註正將道奧開，重看風氣自東來。彈琴度笛真名士，說法伸經大辨才。我坐方壺玩滄海，君登圓嶠壓蓬萊。今朝共坐江亭上，口講南華作笑諧。」因白白子亦作《圓嶠外史》、《道竅談》《悟真參同雜解》諸書故也。

乩談

或問，乩沙之術小伎也，而好者紛紛，談者赫赫，其術果何自耶？其皆可信耶？否耶？張子曰：昔回翁欲與涵三諸子發明此妙，而終未竟其說也，吾今特明之。乩者，稽也，稽以考信也。《說文》曰：卜以問

疑也，故偏旁從占，正旁從乙，乙古稽字也。《爾雅釋言》：隱占也。註曰：隱度也。疏曰：占者視兆以驗吉凶，必先隱度也。吾謂占語成而猶待隱度，則與不占同，何必占？然亦有義焉在其中矣。天仙神仙，不喜與人言禍福，只勸人修身俟命，故言訓詞則無隱，言丹道則無隱，他若救人開方亦無隱。以外一切，如問吉凶成敗，則無不隱。其隱之意者，仍是推託他不與之言也。否則明指其禍福，將應獲福者，以為可喜而自狂，或轉福而成禍矣。又應受禍者，以為可畏而自迫，反懼禍而邀福矣，夫福者豈可邀哉？唯作善可降祥耳。其隱語也，猶言不待語而易明也。抑其隱之義，猶不止此，仙家自道成之後，步日月無影，透金石無聲，凡人不能見，故於乩沙中草寫龍蛇，千言萬態，以示其不滅。

然乩，假術也，自古真人，皆斥為方士之行。今又何為降其筆？蓋因近日成風，公卿士庶，每多信好其術，神仙以度人覺世為功，故即借其乩以默相天下人，以此即假成真耳。但學乩沙者有二等，一勝一敗。上等以德行勝，誠感勝，因緣勝，即不善乩，仙家猶欲往度之，況其知乩乎？即其乩而引誘之，不用符章，自然高真降室也。下等以險惡敗，虛誑敗，貪欲敗，彼即善乩，仙家不近之，況其冒瀆乎？隨其乩而簸弄之，妄用符咒，反教引鬼入室也。吾輩自跳出五行以來，雖天地猶不能約束，陰陽猶不能陶鑄，即欲請之，亦必禮之，於符咒乎何用？呵呵，此術士之所以欺愚人，仙家之所以惡術士也。今吾即乩言乩，即以是為乩訓焉。

或又問，請乩之道，固當以德行、誠感、因緣，而不以符咒也。然南宮仙道，又有以符咒役使神道者何故？曰：南宮一派，雖則動用符咒，然此乃高真傳授與世人救厄除害者。此等秘籙，非人間梨棗所有。即能得之，亦必推心利物，乃為功行宏深。苟或私心妄用，天帝亦加以霹靂，而殞其命，奪其術矣。故雖南宮符咒，也要心恭心誠，乃有靈效。若彼乩廝符咒，則未可同日語也，況加以不恭不誠乎。諸子於此，可以自明矣。

張子曰：上天原無福善禍惡之心，則降祥降殃，人自召之。上天有福善行惡之心，則降祥降殃，人自知之。素行善而獲福，此必然之理也，即有禍焉，亦暫矣。素行惡而得禍，此必然之事也，即有福焉，亦暫矣。何必舍己外問哉！乃吾見蚩蚩者氓，祈於神則求籤問卦，禱於仙則扶鸞請乩。若以神與仙，為必知禍福者，迨其後驗則信之，不驗則疑之，其疑與信者，仍一愚人之故態也。夫神仙因之禍福，然亦何必以人心之所已知者而重言複語之哉？其求神與仙而驗者有故，善人問福而福至，惡人畏禍而禍臨，若有與之相合者，然非籤與卦、鸞與乩之靈也。其求神與仙而不驗者，亦有故，善人問禍，無禍可加，惡人問福，無福可賜，若有與之相左者，然亦非籤與卦鸞與乩之不靈也。天下之龜筮算數，皆如是耳，人何不可自知哉！吾生平不喜人求籤問卦、扶鸞請乩，止願人個個修德，時時內省而已矣。

張子曰：神仙有度人之願，假乩筆而講道談元者有之；神仙有愛人之量，假乩筆而勸善懲惡者有之；神仙有救人之心，假乩筆而開方調治者有之。若云判斷禍福，則有人之善惡，在吾前章宣示已明，不復再論。獨異者，寰宇之中，間有設乩求地理、請乩論天心之輩者，此皆方士遺風，上界正神，察其奸訐，未有能逃天罰者。

張三丰太極練丹秘訣
（全一册）
△定價大洋壹元貳角
藏版者　墨井書屋
印刷者　中西書局
發行者　中西書局　上海望平街

民國二十四年三月三版

彩色圖解太極武術

定價220元

定價220元

定價220元

定價220元

定價350元

定價350元

定價350元

定價350元

定價350元

定價350元

定價350元

定價350元

定價350元

定價220元

定價220元

定價220元

定價350元

定價220元

定價350元

定價350元

定價220元

定價220元

定價220元

歡迎至本公司購買書籍

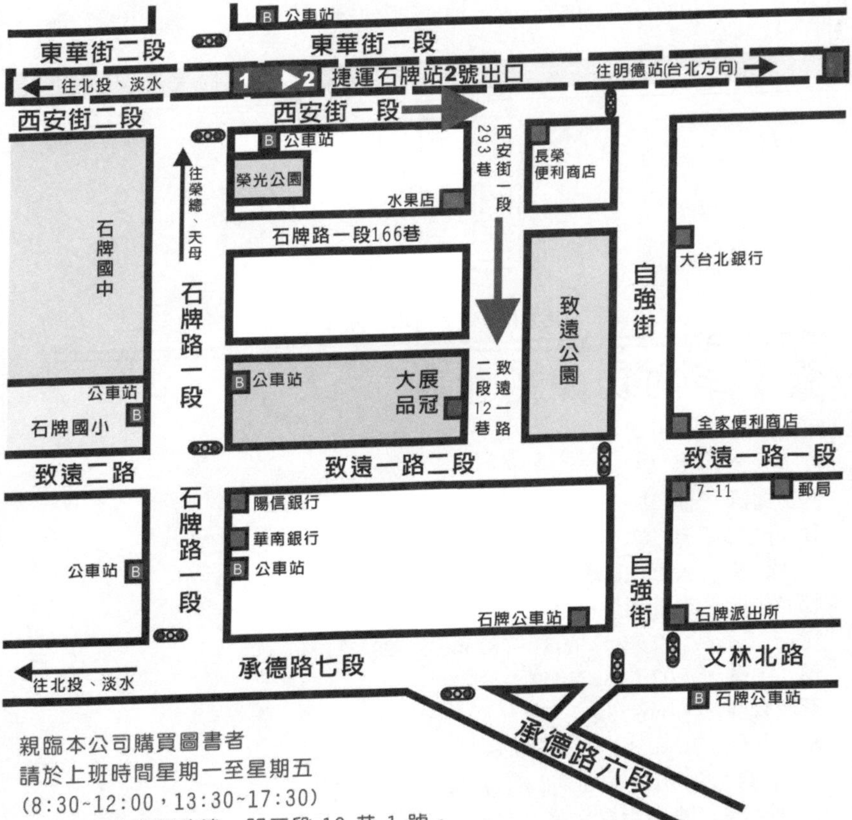

親臨本公司購買圖書者
請於上班時間星期一至星期五
(8:30~12:00，13:30~17:30)
至台北市北投區致遠一路二段 12 巷 1 號。

建議路線

1.搭乘捷運・公車

淡水線石牌站下車，由石牌捷運站 2 號出口出站(出站後靠右邊)，沿著捷運高架往台北方向走(往明德站方向)，其街名為西安街，約走100公尺(勿超過紅綠燈)，由西安街一段293巷進來(巷口有一公車站牌，站名為自強街口)，本公司位於致遠公園對面。搭公車者請於石牌站(石牌派出所)下車，走進自強街，遇致遠路口左轉，右手邊第一條巷子即為本社位置。

2.自行開車或騎車

由承德路接石牌路，看到陽信銀行右轉，此條即為致遠一路二段，在遇到自強街(紅綠燈)前的巷子(致遠公園)左轉，即可看到本公司招牌。

國家圖書館出版品預行編目資料

張三丰內功煉丹秘訣 ／ 墨井書屋 藏版　常學剛校點
——初版，——臺北市，大展，2013〔民102.03〕
面；21公分 ——（老拳譜新編；13）
ISBN　978－957－468－934－7（平裝）
1.道教修鍊
235.3　　　　　　　　　　　　102000317

張三丰內功煉丹秘訣

藏　　版／墨井書屋
校 點 者／常 學 剛
責任編輯／王 躍 平
發 行 人／蔡 森 明
出 版 者／大展出版社有限公司
社　　址／台北市北投區（石牌）致遠一路2段12巷1號
電　　話／（02）28236031・28236033・28233123
傳　　真／（02）28272069
郵政劃撥／01669551
網　　址／www.dah-jaan.com.tw
E-mail ／service@dah-jaan.com.tw
登 記 證／局版臺業字第2171號
承 印 者／傳興印刷有限公司
裝　　訂／建鑫裝訂有限公司
排 版 者／弘益電腦排版有限公司
授 權 者／山西科學技術出版社
初版1刷／2013年（民102年）3月

定價／280元

大展好書　好書大展
品嘗好書　冠群可期

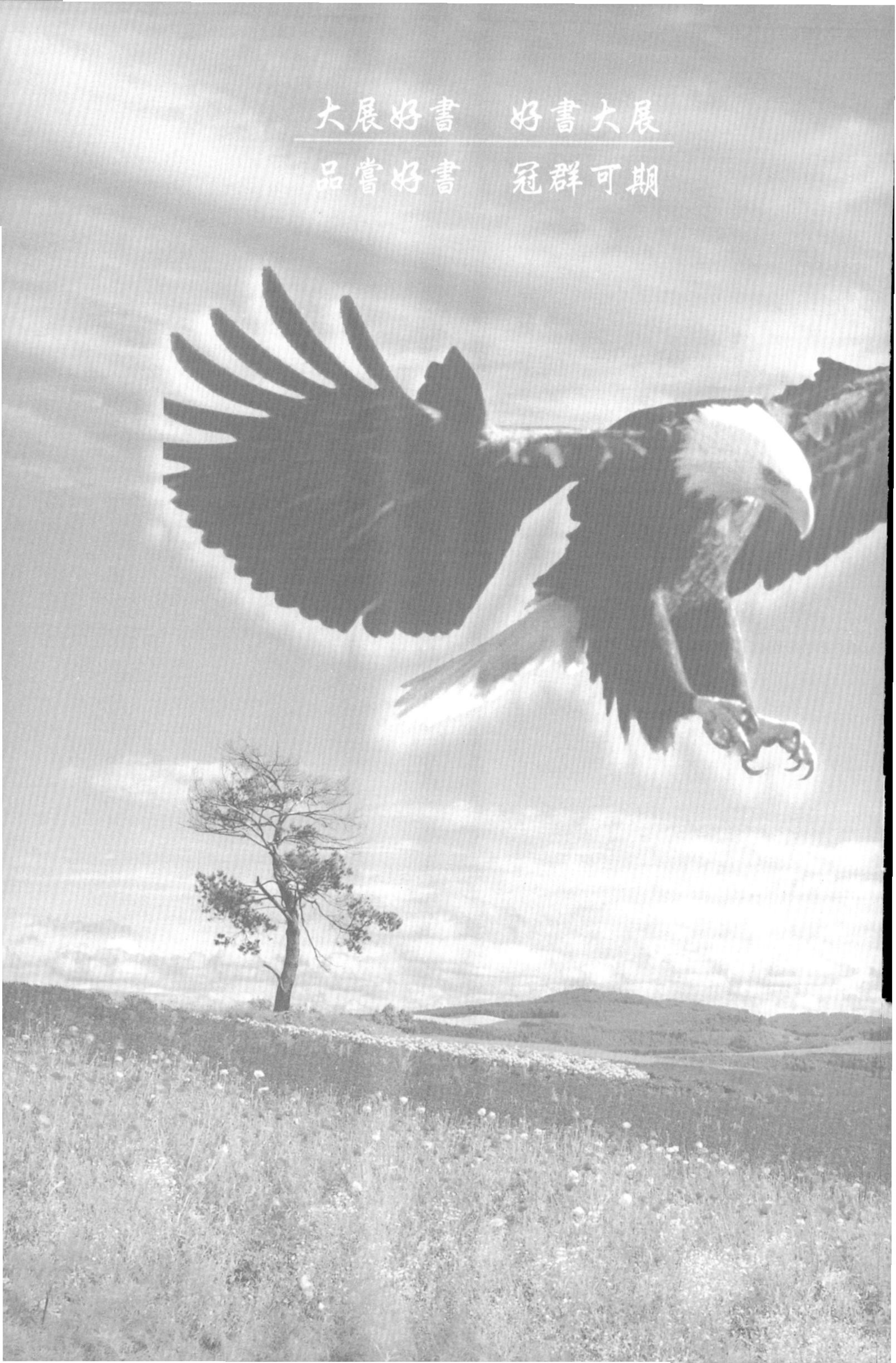

大展好書　好書大展
品嘗好書　冠群可期